バウンダリーの魔法

自分を大切にすると　なぜ他人とうまくいくのか？

山本美穂子
Mihoko Yamamoto
ＨＩＴキャラクトロジー心理学協会代表理事

BAB JAPAN

はじめに

この本を手に取っていただき、ありがとうございます。

よく、「人を変えることはできないが、自分を変えることはできる」といいます。

けれど、どうすれば自分を変えられるのか、どうしたら現実が、人生が変わるのか、そのポイントはほとんどの人が知らないままです。

本書では、今のあなたの人生をよりよくし、あなたの現実を真に幸せなものへと変えていく方法をお伝えしています。自分を変えるために、自分自身にどうアプローチしていけばよいか、そして他者とどう関わっていけばよいか、そのポイントをご紹介します。自分と他者への正しいアプローチのしかたを知ることで、たった一度の人生を、より豊かで幸せなものへと変えていってください。

今でこそ私は、大勢の人たちの前で話をしたり、カウンセリングやヒーリングセッションを通して1対1でお話をうかがったりすることを仕事にしています。しかしもともと、あまり人づき合いがうまいほうではありませんでした。

はじめに

というよりむしろ、家族を含め、他の人とのトラブルが絶えず、言いたいことがあってもうまくしゃべれませんでした。誰かから何かを一方的に言われると、どう返事をすればよいのかわからず、つい黙り込んでしまうという癖を持っていました。実は今でも、自分のニーズをストレートに伝えるということがあまり上手ではありません。

人生を通じて人づき合いをかき乱してきた私の癖の原因は、主に母との関係性にありました。母は一般的にとてもいい人です。歳をとり、すっかりおばあちゃんになった今でも、近所の方々からとても慕われていて、母親としても完璧で愛情あふれていたと思います。けれど、こと男性に対しては「従順」という言葉がぴったりで、常に譲歩する姿勢を崩さない人でした。そしてそれを、子どもの私にも強要していました。父はもちろん、兄や弟に対しても、です。

母の男性に対する従順な態度の反動は、家族の中で主に私に向かっていました。唯一、母が心を許せる相手だったからかもしれません。私は母から常に感情的にも精神的にも侵略されていましたが、それに気づいたのは、大人になり、家を離れて10年以上も経ってからでした。

母自身が子どもの頃、両親（私の祖父母）に対してきっとそうであったのでしょう。だから同様に「従順なよい子」として振る舞うよう、言外に求められてきたことが、私の残念な対人コミュニケーション能力の原因なのです。

以前の私は、母だけでなく、職場で、友達との関係で、恋人との関係で、常に次のような状態を再創造し続けていました。対人関係での自分の振る舞い方や姿勢について、この「やり方」しか知らなかったからです。

・人とどうつき合っていいのかわからない。
・誰かと話をするとき、どう言葉を出していいのかわからない。
・女性からひどいことを言われたり、ひどい態度を取られたりすると、なぜか「この人を救ってあげなければ」と思ってしまう。
・男性からひどい扱いをされると、体が凍りついたように動かなくなり、泣くことしかできなくなる。

このような状態のとき、心の中で何が起こっているのか……。そのキーワードが「バウンダリー」です。バウンダリーは他人と自分との間に存在する「境界線」です。境界線は、心の内と外に、それぞれいくつかの段階を区別するように引かれています。

他人がある境界線を越えてきたときに、起こる反応は5つのタイプに分かれます。不安になったり、パニックに陥ったりと、反応はさまざまですが、これらはすべて防衛反応なのです。

私はこれらのタイプを分析し、バウンダリーとの関わりも含めたキャラクトロジー心理学として、独自の理論を確立しました。キャラクトロジー心理学とは、欧米では広く知られている人格構造学をベースとして、私が編み上げた、心のしくみがわかる心理メソッドです。

人間関係のトラブルには、必ずバウンダリーが関わってきます。ですから、キャラクトロジー心理学が理解できると、人間関係のトラブルが格段に減っていきます。どのバウンダリーが侵害されるとどんなトラブルが起こるか、なぜそのような反応をしてしまうのかについては、後ほど具体例を交えて詳しくお伝えします。

また私のこれまでの著書では触れていない新たなコンテンツとして、本書では、バウンダリーの優先順位について解説しています。これにより、今自分が抱えている問題をどうとらえて解決していけばよいのかが、より鮮明になります。バウンダリー理論を、日常の人間関係にどんどん活かしていっていただきたいと思います。

さらに、キャラクトロジー心理学が誰にでもあてはまることを表現するため、キャラクトロジーの5つのタイプを5人の女性として登場させました。それぞれのタイプが日常で見せる「あるある」を、本書ではたくさんのマンガに書き下ろしています。自分自身、あるいは身近な人に、必ず思いあたるエピソードが見つかるでしょう。

もしもあなたが、何らかの対人関係においてトラブルを抱えていたり、人との関係でいつも大騒動を巻き起こしたりしていたら、本書で原因を明らかにすることが可能です。そして、大切な誰かとの関係を大事に育てていきたい、人づき合いを平和なものにしたいと考えているのであれば、そのときもまた、この本がきっとあなたのお役に立つことをお約束します。

バウンダリーの魔法*目次

第6章　さらに深いカウンセリングで自分を知る

第1章

あなたの「性格」は防衛反応からできている

✷この人、いい人？　悪い人？

私たちは、自分以外の人たちに対して、「この人はきっとこうするに違いない」「この人はきっとこうしてくれるだろう」といった、勝手な望みを持ちがちです。けれども、良くも悪くもこれらが当たったためしはないのではないかと思います。

たとえば、ドラマや少女マンガの中で、恋をしている相手がほかの女性と話している姿を見たヒロインが、「私はもう愛されていないんだ」と思い込み、落ち込んでしまうというようなシーンを見たことはありませんか？

「いつか素敵な人が現れて私の人生を変えてくれる」と、男性に対して過剰な期待を抱くシンデレラ症候群という言葉を聞いたことはありませんか？

また、自分が困っているときに助けてくれた人を「なんて優しくていい人なのかしら」と無条件に信じ込んだ結果、その人の別の面を見たときに「そんな人だと思わなかった！」と勝手に失望するという話を見聞きしたことはありませんか？　もしくは、うっすらと、身に覚えはありませんか？

これらはすべて、自分一人の世界の中で憤ったり、悲しんだりといった反応をしたうえで、一方的になんらかの結論を下しているにすぎません。起こったできごとに対して、子どもの頃のような幼い意識で反応しているのです。

相手を「いい人」あるいは「悪い人」というような二元論的な思い込みで判断し、「だから自分にこうしてほしい」「だから私はこうしたい」と一方的に考えている図式です。そこに真の意味での人間関係は築けていません。関係性を育むには、相互作用を受け止めながらお互いを理解していくという自然なプロセスが必要なのですが、このような状態にある人は、それができる段階にはまったく至っていないのです。

私たちは多様性の中に生きている

地球上には無数の人間がいますが、一人ひとり育ってきた家庭環境はまったく違います。各家庭にはその家独自のルールがあり、その中で、さまざまな価値観を自分の中に育てながら成長していきます。子どもの頃、お友達と話をしていて、「それってうちだけなの?!」とびっくりした経験はありませんか?

私たちは、育ってきた環境と、「親」という存在から、常に大きな影響を受け続け、大きくなってきたのです。

子どもを愛していない親はいません。

けれども、子どもが望む完璧な愛を、子どもが望む形で与えることのできる両親が揃っているという状況は、まず起こり得ないといっていいでしょう。なぜなら、親もまた、そのように育ってきてはいないからです。人間は、自分が経験したことからしか、行動できないのです。

そして子どもは、自分の愛する両親が、自分の望むような愛を返してくれないことに驚き、混乱します。そして、生きていく中で、どうして親が自分の望む形で自分を守ってくれないのかがわからずに絶望します。

いったいどうしたら、お父さんとお母さんは自分の望む愛を自分に与えてくれるのか――私たちの誰もが、この混乱のポイントを成長の過程で通過しているのですが、幼い子どもは、「お父さんとお母さんから、自分が望む完璧な愛を得られない」という現実を受け入れることができません。今、これを読んでくださっているあなたも、ちょっと想像してみてください。

この現実は、大人になった今ではあたりまえだと思えますが、幼い子どもにとってあまりに酷な現実ではないでしょうか。まだ幼い子どもがそれを受け入れるのは、あまりにも痛く、胸が引き裂かれそうな体験でしょう。

この痛みに耐えることができずに、子どもは、その現実をただ否認します。そしてその否認の方法は、年齢が上がっていくにつれ、バリエーション豊かになっていきます。

たとえば親の助けがなければ何もできない赤ちゃんの頃と、ある程度体を動かせても、自分のニーズを泣くことでしか表現できない赤ちゃんの頃とでは、「自分の望む形で両親から愛を得られない」という現実を体験するきっかけは違います。

子どもの行動範囲が家庭の中から幼稚園へ、学校へ、と広がり、成長していくと、さらにそのできごとは変わっていくでしょう。この成長の段階によって体得していく現実の否認の方法を、キャラクトロジー心理学では**ディフェンス（防衛反応）**と呼んでいます。

そして、大人になってからも、たとえば「愛を感じられない」「安全だと感じられない」と思った瞬間、子どもの頃に体得した防衛反応の中に滑り落ちてしまいます。まず、そこに気づくことが、あなたの人生を大きく劇的に変えていく、小さいけれども実に大きな一歩となります。

キャラクトロジー心理学では、このディフェンス（防衛反応）を、お腹の中にいるときから5〜6歳までの成長の段階にしたがって5つに分類しています。それぞれのディフェンスは、それぞれに特徴的な思考回路や行動パターンを持っていて、体験の強さや回数などによって、自分の陥りがちな防衛反応がある程度決まってきます。それが今のあなたの「表面上の性格」であると考えてください。

あとで、これらの性格パターン特有の反応、行動などを、マンガを交えながら詳しくご説明しますが、キャラクトロジー心理学が設定している5つのパターンを簡単にご紹介しましょう。

●スキゾイド（本書ではスキ子として登場。38ページ）

空想好き。いつもびくびく、おどおどしていて存在感が薄い。

●オーラル（本書ではラル子として登場。49ページ）
かわいいものが好き。うじうじ、メソメソしがち。

●マゾキスト（本書ではマゾ美として登場。59ページ）
「みんなと一緒」が好き。八方美人で優柔不断。

●サイコパス（本書ではサイ子として登場。70ページ）
目立つことが好き。率直ではっきりした言動で人を傷つけることも。

●リジット（本書ではリジコとして登場。84ページ）
真面目で常識的。芯は情熱的だが、自分の殻を破れない。

現実の中でディフェンスを取り続けると、思考回路や行動パターンだけでなく、目線や体の動かし方、口調、体型にいたるまで、ある一定の鋳型の中に押し込まれていきます。そしてその中でだけ生きるようになるので、未来もおのずと決まってしまうのです。

ところが、**防衛反応の中で生きることをやめ、そのディフェンスから一歩外に出ると、世界が変わります。**これまで見ることのできなかった、あることすら知らなかった世界が、人生に流れ込んでくるようになるのです！

「多様性」を受け入れていくには、自分と他者との違いを明確に知って、理解して、それを受け入れる必要があります。

まったく同じものを見ていても、まったく同じできごとを経験しても、今自分が感じていることと、まわりの人たちの感じていることは違います。今自分の中で何が起こっているのか、他の人にはわからないし、同じように他の人の内側でどんなことが起こっているのかを私たちは知る由もありません。

このことを冷静に受け止めることができれば、相手を完全に理解することができなくてもいいのです。「私とこの人は違うのだな」というポイントで、過剰に反応することがなくなります。すると、はじめにお話したような、残念な結末に終わる人間関係を体験することは、格段に減るでしょう。

✷キャラクトロジー心理学って何？

キャラクトロジーのディフェンスは5つに分類されていると、先ほどお話しましたが、ここで、最近私が体験した面白いエピソードを一つご紹介したいと思います。

最近、生徒さんたちと一緒にある国家試験を受けにいきました。

割り振られた受験番号に従ってそれぞれ別々の教室に入ると、大きな教室にたくさんの受験生がいて、黒板の前には試験官が立っていました。そして時間がくると試験官が試験用紙を配るのですが、私の教室の担当の試験官が、試験用紙をくるんでいた包装紙をはがすと、いきなりそれをビリビリと破いて試験用のトートバックに乱雑に押し込んだのです。

私がどれだけびっくりしたか、ご想像いただけますでしょうか（笑）？　ただでさえ試験前で緊張していたところに飛び込んできた、いきなりの乱雑な音に私は心底びっくりして体が固まってしまいました。

そして後日、一緒に受けた生徒さんたちとその話をしていたら、私と同じく「スキゾイド」のディフェンスを強く持つ二人が、「私の教室の試験官も、同じことをやっていました！」と言いました。

では、あの一連の乱雑な動きは、何かこの試験で試験官がやらなければならない決まった手順なのかしら？　とも思い、やはり一緒に試験を受けた生徒さんで「マゾキスト」ディフェンスの強いほかの二人にその話をすると、揃って「？？？」とわけのわからない顔をしました。「試験官がそんなことをしていたかどうか全然覚えていないし、そもそも試験官になんてまったく注意を向けていませんでしたよ」というのです。

まさにこれは、先ほどお話した、あるディフェンスの中に自分を押し込めると、そのディフェンスからの目線でしか世界が見えなくなることの一例です。

今の例では、簡単に、自分が持っているのは5つのうち一つのディフェンスであるかのように書きましたが、実はそうではなく、私たちは誰しも、5つのディフェンスすべてを持っていて、強く出る2～3のディフェンスと最も強く出るディフェンスがその人の表面上の性格を形づくっています。

もう一つ、先日実家で母と話していたときにふと思い出したことをご紹介しますね。

私はかつて、自分が分裂しているような感覚を常に感じていました。自分がその瞬間外に向けて出している一つの性格パターン（つまりディフェンス）のほかに、いくつもの「違う自分」がいることを知っていたからです。そしておそろしいことに、私には、いったいどれが本当の自分なのかがわかりませんでした。それは、自分が生きているようで生きていないような、そらおそろしい混乱の感覚で、昔はこれが私の常であったように思います。

けれど今は、その混乱の中に落ち込んで苦しさを感じることはなくなりました。むしろ、ときおり外に向けた自分の性格が刻一刻といろいろなディフェンスにスライドするように変化しているのを感じると、ただただ、自分が自分から分離しているという違和感を感じます。

逆に言えば、そんな分離の違和感しかないようなところで生きていたから、私にとって人生とはつらくて苦しいものでしかなく、心が壊れていってしまったのでしょう。

それを理解する、知るきっかけとなったのが、人格構造学（キャラクトロジー）です。

キャラクトロジーの概念を理解すると、自分の表面につけたマスクのような、瞬時にスライドし変化するいくつもの性格は**「本当の自分」ではない**ということがわかってきます。まるで表面張力のように私たちの表面に浮いている「表面上の自分」ではなく、その下——心の内側の奥深くにいる真実の自分とつながって、この自分に自分の根っこを置き、この意識で考え、行動し、生きる。そんなことができるようになったとき、長いこと自分の中にあった分裂感や「生きていない」感じ、自分が自分であって自分でないような解離感、そして理由もわからず途方に暮れて苦しくなる感じは消えてなくなっていました。

スピリチュアルの世界ではよく「統合」という言葉が聞かれます。長年ヒーラーというスピリチュアルな仕事をしているにもかかわらず、実は「統合って何なのよ」と冷ややかな目線で見ていた部分が昔はあったのですが、この経験をしてから私は変わりました。なぜなら、この経験こそが真の意味での**「自分自身との統合」**であると思うからです。

私はキャラクトロジーの分類でいうと、先ほどのスキゾイドに加えてオーラルとサイコパスを強く持っているのですが、それらが今では自分から解離した「防衛反応」としての性格ではなく、単純に自分の個性の一つとして、今は私自身と統合されています。「どの性格も私の一部だよね」と受け入れることができています。

自分という存在の多様性を受け入れることができて初めて、自分の独自性を発揮することができるようになります。多様性と独自性というのは切っても切れない関係で、多様性があるから自分のオリジナリティ（独自性）が生まれるのです。これは、自分の多様性も、ほかの人の多様性も同じです。

自分と他者の多様性を真の意味で受け入れていくにはどうしたらいいかというと、それを言葉の意味を理解するだけでは十分ではありません。必要なのは、自分の心の傷を見つけ、癒やすことです。

誰かに対して「許せない」「怖い」「腹が立ってしかたがない」と思ったら、どうかそれ

はチャンスであると思ってください。あなたがその人に対してそう感じるのは、あなたの中にあるその部分を受け入れることができていないからなのです。

あなたが受け入れていない自分の部分を表現している人、またあなたの中のその部分が刺激され、引き出されるような人と出会うと、強い感情的反応が起こります。感情的反応とは、またあとで詳しく説明しますが、あなたの中に一気に湧き上がり、どうしていいかわからなくなるような強い感情です（厳密には「感情」ではないのですが、ここではひとまず「感情」という言葉を使いますね）。

そして、その感情の下には、必ず子どもの頃の傷があります。そう、この章の初めの頃にお話した、自分に起きた現実、つまり自分自身を受け入れることができなかった痛みの傷です。この、受け入れることのできなかった部分を受け入れることができれば、目の前の人はもはやあなたの問題ではなくなります。この魔法のようなプロセスを重ねていくと、本当にあなたの人生は変わります。

5タイプの性格 あなたはどのタイプ?

気心の知れた友人や、「この人とは気が合うな」と思っていた人と何かのはずみで意見が違うことを知って気持ちが揺れたことはありませんか?

一つのできごとを一緒に見ていたり、また体験しているからといって、自分と他の人がまったく同じように感じているということは決してありません。それぞれが、同じできごとを違った形で受け取り、違った思いを抱き、違った反応をするのが自然であるということを、まず私たちは理解しなければなりません。

そのうえで、「私とこの人とは、違うんだ」と「違い」を受け入れていくことが、多様性を認めるということです。そしてそれが、平和な世界の創造へとつながる道です。

もうずいぶん長い間、心のことを研究してきた私でも、いまだに、他の人の心の深いところにある「闇」や「ねじれ」に触れるたび、ただただ、驚くばかりです。

人の心の中で何が起こっているのかは、外から見ているだけではははかり知ることのできない領域ですし、自分の常識では理解できない世界であることもしばしばです。

ここで、同じシチュエーションに立ったときに人がどのようにその状況をとらえ、反応

びくびく、おどおど、スキ子ちゃん

わたしはスキ子
ぼー
スキ子ちゃーん
後ろから声をかけられるのが怖い
!!
びく
人と話していても
……
うん
うん
かみ合わない
ねえ聞いてるの?
おーい
人ごみ怖い
わ!!
あれ?スキ子ちゃんいない!!
?!
なになに
なぜか突発的なアクシデントが多い
どうしていつもこうなんだ…?

し、行動するか、そしてその反応と行動がどんなに違うものであるか、5つの性格を通してご紹介したいと思います。

「私だったら…」「あの人はこのタイプだな」などと、気持ちをラクに、楽しんで読んでいただければと思います。

道草

・スキゾイドが道を歩いていてきれいな空が見えると、道を変え、遠回りしてでも空を見てぼーっと空想にひたる時間を取ることがあります。

・オーラルは、「あれ、あそこに何か面白そうなものがある」「あそこにもお花が咲いてる」と、目につくものを追いかけているうちに迷子になります。

・マゾキストは、誰かのためなら道草や寄り道をしますが、自分のこととなるとコンビニに寄ることすら迷うレベルの面倒くさがりです。

・サイコパスが道を歩いていてきれいな空が見えると、「SNSにアップするから写真を撮ろう」と思います。遠まわりのような非合理的でむだなことはしません。

・リジットは絶対に決まった道をいつもと同じように歩くので、道草をすることも、空を

クヨクヨ、うじうじ、ラル子ちゃん

わたしはラル子
決めるの苦手
欲しい……
けど いらない
恋もいつもうまくいかない
いいな……
欲しいものたくさんあるけど でも……お金がない
貯めたら絶対に買おう
でも……なんでか貯まらない
話を聞いてほしいけど
誰も認めてくれない
もういいもん!
ちょきん
なんで私ばっかりこうなんだろう?
ぐすん
一人ってつらい

見上げることもありません。

大きな買い物

・スキゾイドは、そもそも大きな買い物をするだけのお金がないのに、なぜか払えるような気がして買い、あとで払えなくなり、なかったことにしようとします（でももちろんなかったことにはできません）。

・オーラルは、「これもいいな」「あれもいいな」「これもいいけどあれもいいな」「別のお店に行ってみようかな」「やっぱりこれ買わなくてもいいかもしれないな」「でも欲しいな」と永遠に決めることができません。

・「自分で決めない」ことが実はマゾキスト的自己主張。自分で決めないことを通して「私はこれは欲しくない」という無言の圧力を相手にかけます。

・サイコパスは、類似商品と対比したりしてお得なポイントを比較させながら、最終的に自分にとって最善の選択を下します。

・リジットは、堅実に前々から計画し、欲しいものを買うための貯蓄を着実にしているので、大きな買い物で悩むことはありません。

同じキャラクトロジー同士でショッピング

・スキゾイド同士でショッピングに行くと、「あ、あれ、かわいいかも……」「……（しばらく無言）」「……」「……あ、ほんとだ。さっきの、可愛かったね」と、周囲から見るとまったく成立していないように見える会話しかしませんが、二人の中ではなぜか意思の疎通ができているという不思議議ワールド。

・オーラル同士でショッピングに行くと、「ねえねえこれ、かわいいよね〜」「本当だ、かわいい〜。私こういうの好き」「だよね〜。私もこういうの欲しいんだけど、高いよね」「だよね〜。でも、かわいいよね〜」「ね〜、欲しいよね〜」と、発展性ゼロ。

・人の許可がなければ動けないマゾキスト同士でショッピングに行くと、自分がいいと思って決めたものを「これ、いいよね！　ね！　ね！」と、最後の一押しを求めて最後の決定権を相手に丸投げし合います。

・サイコパス同士でショッピングに行くと、「あれかわいい！　A子（相手）似合いそうじゃない？」「いや、B子の方が似合うでしょ、試着してみたら？」「すみませーん、これとこれと試着したいんですけど」（試着して）「超かわいい！」「いいじゃん。いいじゃん！　買いなよ！」と、お互いに褒め殺し。

・リジット同士でショッピングに行くと、「私の買い物につき合わせてしまって申し訳ないな」などとお互いに考えるので、結局買い物には行かず、お茶して終わり。

旅行

・スキゾイドは必ず何か忘れ物をしますが、「忘れたら買えばいいや」と思っているので、あまり気にしていません。

・オーラルは、「あれを持って行ったほうがいいかも」「これも必要になるかもしれない」と荷物を詰め込みすぎて入らなくなってしまうことが多く、また、すごく旅行を楽しみにしていたのに、前日に熱を出して行かれなくなったりします。

・マゾキストはまわりの人が困ったときにあげられるようになんでも多めに持っていきます。ビニールやウェットティッシュ、綿棒、糸ようじなど、なくてもいいけどあると便利なものが欲しくなったら、まずマゾキストに聞いてみるとたいてい持っています。おやつも多めです。

・サイコパスも忘れ物をしませんが、それは、あとで「忘れた…！」と後悔したり、家にあるものを現地で買わなければいけなくなると損だと思うからです。

ずっしり、どすん、マゾ美ちゃん

・リジットは前日までにすべて用意をするので忘れ物は絶対ありません。きちんと畳んできれいにパッキングし、バッグの中もきれいに整頓されています。

免許不携帯

・スキゾイドは、そもそも忘れていることに気づきません。
・オーラルは、「どうしよう……どうしよう……どうしよう」と、警察に見つからないようにするあまり、必要以上にゆっくり運転してしまい、挙動不審で目をつけられてしまいます。
・マゾキストは、そもそも免許不携帯などあり得ません。
・サイコパスは、警察に捕まったときの言い訳をひたすら考えながら、免許不携帯のまま運転を続け、のちに武勇伝の一つにします。
・リジットは、もしも自分が免許不携帯であることに気づいたら、すぐに車を止め、同乗者をそこに数時間待たせて、自分は電車で家まで免許を取りに帰ります。

オラオラ、イライラ、サイ子ちゃん

お土産

・スキゾイドはお土産を買うという意識を持っていません。
・オーラルは、「どうしよう、どれを買っていこう」と悩んだ結果、もらった人が「これをどうしろと?」と悩むようなものを選んでしまいます。
・マゾキストは、家族や会社、友人へのお土産を、とにかく買いまくります。
・サイコパスもお土産を買いますが、自分のお土産だけです。
・リジットは、人数分の数が入ったお菓子の封を開け、一人ひとりに、一言一句同じセリフを添えて個包装で配り、もしも余ったら自分で持ち帰ります。

レストラン

・スキゾイドは、存在感が希薄なため、注文を取りに来てもらえないことがよくあります。
・オーラルは、自分の頼んだものが出てこないことがよくあります。お料理が出てくるのはたいてい一番最後。
・マゾキストは、みんなでシェアして食べるのが好き。または決めるのが面倒なので他の人の食べたいものを頼みます。

わたし、リジコ
わたしの毎日は規則正しく
正しくふるまっているはず
今日もキマったわ
ぺこり
おはようございます
ぴしっ
何が間違っているのか
マニュアル読みましたか?
わからない
くるん
カツカツカツカツ
どう正しくあるべきかわからない
いただきます。
間違っていない…
はず
でも何かが
違う気がするの…
10時だわ寝ましょう
OFF

・サイコパスは、お店の人に一番安いメニューを選んだと思われるのがいやだという理由で、高めのものをオーダーする傾向があります。
・リジットは、自分のものは自分だけで食べ、自分の分だけお金を払います。

いかがでしょうか？　「あ〜、私、このシーンではこうするな」と思う部分はありましたか？　このように、日常のシーンなどの15の質問に答えていくと、あなたのキャラクトロジーがわかる「キャラクトロジー無料診断」をご用意しています。よろしければ診断してみてくださいね（「キャラクトロジー無料診断」で検索）。

診断結果は、診断後すぐにお届けする各キャラクトロジー別の**エッセンス（愛、優しさ、勇気、思いやりといった、美しい本質）**やディフェンスの説明、ディフェンスからエッセンスに移行するためのヒント、そして同じキャラクトロジーを持つ有名人など興味深い内容たっぷりのメールでわかります。

第2章

5つの
キャラクターストーリー

さて、あなたはどの性格に一番なじみがありましたか？　あなたのパートナーは？　まわりの友人たちはどうでしょうか。

それぞれの性格をより理解していただくために、これら5つの性格を、スキゾイドのスキ子ちゃん、オーラルのラル子ちゃん、マゾキストのマゾ美ちゃん、サイコパスのサイ子ちゃん、リジットのリジコちゃんというキャラクターにしてご紹介しました。

5人の1日をちょっとのぞいてみましょう。

✷スキ子ちゃんの1日【スキゾイド編】

（ああ、また目が覚めちゃった……今日も1日が始まるんだ……）

スキ子ちゃんは毎朝目覚めた布団の中で物憂げにそう思います。

起きるのも朝の準備をするのもダルくて、このまままた寝てしまいたいけれど、しかたないので布団から横に転がり出るように無理に体を動かし、ぼんやりした気持ちのまま顔を洗い、歯を磨くスキ子ちゃんはとにかく「薄い」。

ひょろりと痩せて体が薄っぺらく、存在感も薄く影も薄い。常にうすらぼんやりしていて、何かを見ているようで見ていないうつろな目はいつも遠くを見ていて、人と目を合わせるということがほとんどありません。

髪も薄く、眉毛も薄く、ついでに社会通念も薄ければ生きる意欲までも薄い、「希薄」を絵に描いたようなタイプであるため、なかなか人に覚えてもらえません。学校でも会社でも「スキ子ちゃんって、いるかいないかわからないよね」と言われがちですが、スキ子ちゃん自身も他人に興味がないため、人の顔も名前も全然覚えられません。

ぼんやりと楽しいことを夢想しながらなんとか朝の支度を済ませて家を出ると、途端に目の

- THE 希薄
- 覚えられない
- 興味ない
- 存在感ない
- 空想大好き
- 空大好き
- 人間怖い
- 世界も怖い
- 意外と彼氏は途切れない

前を自転車がすごいスピードで走り抜けていき、びっくりして固まるスキ子ちゃん。ただでさえ存在感がないのに今のできごとで魂が抜けてしまい、歩き出せば歩き出したで人がどんどんぶつかってきます。

（はあ、世界ってなんて安心できないところなんだろう）

POINT

お母さんのお腹の中にいたときや生まれた瞬間、さらに自分では動くことのできない乳幼児期に「世界＝危険」と誤解するようなできごとを何度も体験してしまったスキゾイドにとって、世界とはズバリ危険な場所。しかも、「みんなが私に敵意を持っている」と謎の勘違いもしています。そんな世界観を持っているから、世界はスキゾイドにとっていつも危険なところとなるのです。

そう思うスキ子ちゃんの目の前で車が衝突し、さらに電車に乗ると乗った電車が人身事故に巻き込まれ、しかたがないのでスキ子ちゃんはいつ動き出すかわからない電車の中で頭の中の空想の世界に逃げ込みます。

大丈夫？明日学校行ける
え…
ママが車で送ろうか？
お腹すいてないの？
ごちそうさま
おやすみ
す
大丈夫かしら…
はー
また朝がきてしまった…
起きたくない…
…
ぽふ

POINT 空想の世界というと聞こえはいいのですが、要するに完全にぼーーーっとして「今、ここ」にいない、魂の抜けた状態。

この自分の頭の中だけの空想の世界はスキ子ちゃんにとって幼い頃からなじみ深い唯一安全だと感じられる場所です。子どもの頃は本を読んだり、お人形遊びをしたりしながら、いつもこの空想の中で生きていたスキ子ちゃん。自分の世界の中にしかいられないため、お友だちと一緒に遊ぶことがなかなかできず、たいていひとりぼっちでした。

（でもそのほうが気楽。人間って怖いもの）

止まった電車の中でイライラしているまわりの人たちを見て、スキ子ちゃんはまた魂ごと自分から逃げ出したくなります。

（お母さんもいつもイライラしていたなあ……）

夜酔っ払って帰ってきたお父さんと、お母さんがけんかしている部屋の隅で影を潜め、息を殺していた自分の姿をまるで他人を見ているかのように思い出すスキ子ちゃん。その姿と今の自分の姿が重なり、パニックになりそうなのをかろうじてこらえ、ようやく動き出した電車に揺られて職場の最寄駅に到着。

POINT

満員電車は誰にとっても苦痛ですが、特に人の多いところが苦手なスキゾイドにとっては、もはや苦行。

（もういやだ……電車なんて乗りたくない……怖い……）

ただでさえ歩き方がどことなくぎこちないのに、怖さで魂が半分抜けてしまったような状態で、夢遊病者のようにふわふわと会社までの道のりを歩くスキ子ちゃんは、いつもより線も影も薄くなっています。

涙目でデスクに腰掛け、パソコンの電源を入れ、頭の中の８割を占める自分だけの想像の世界で遊びながら、残りの２割で仕事をこなします。

「スキ子ちゃん、最近できたイタリアンにランチ行かない？」

同僚のマゾ美に急に肩をぽんとたたかれ、飛び上がらんばかりに驚き、また魂が抜けてしまうスキ子ちゃん。

「……」

「じゃあ、今日のお昼にみんなで行こう！　場所は……」

マゾ美ちゃんの顔がグイグイ近づいてきて何か言っていますが、びっくりしてマゾ美ちゃんが何を言っているかが頭に入ってきません。ぼんやり聞いているうちにマゾ美は「じゃ、あとでね！」と自分のデスクに戻ってしまいました。

POINT

急に肩をたたかれたり、声をかけられたりすることが、スキゾイドは大の苦手。一気に魂が抜けてしまい、その後の話はいっさい耳に入りませんので、仕事の話やデートの話をするときには気をつけて。

お昼休み。

（今日はどこのコンビニにしようかなあ……）

スキ子ちゃんがぼんやりとそう思いながら会社を出て、あっちへ行こうか、こっちへ行こうか、ふわふわと迷っていると、

「スキ子ちゃーん、どこ行くの！　こっちこっち」

と、マゾ美ちゃんが道路の反対側で手を振っています。

（あ……そういえばさっき、ランチの約束したんだっけ）

どうしてスキ子ちゃんになったの

母親のお腹の中にいる頃
安心
スキ子ちゃーん
安全
おぇー
お腹の中での恐怖
出産時の恐怖
母親と離れる不安や恐怖
ぽつん
…
なんなの!!この今月の請求書!
母親の不機嫌やイライラ
…
両親のケンカやもめごと
ケンカ
…
お外は怖いのよ〜危ないのよ〜
よしよし
そのときいろんなことを感じて
〝この世界は怖い〟と思ったのです
…

POINT

いつも心ここにあらずなスキゾイドは、人の話をあまり聞いていません。何かを話しかけてもすぐに返事はなく、同じことを三回伝えてようやく理解します。

「スキ子ってさあ、彼氏いるの？」

同僚たちとスパゲティ（みんなは「パスタ」って言うけどスパゲティじゃん）を食べているとき、サイ子ちゃんがいきなり話題を振ってきました。

「うん、いるよ〜」

「スキ子と恋愛ってまったく結びつかないんだけど、彼氏どういう人？」

（うーん、彼氏……といえば彼氏なんだろうけど、休みの日に一緒にＤＶＤ観たり、ご飯食べたりするだけで告白とかされたわけでもないし、元彼もいつの間にか会わなくなって自然消滅だったしなあ……「何を考えているのかわからない」とか、「いつかどこか遠くに行ってしまいそう」とか言われるし）

POINT

うすぼんやりして色気や女子力ゼロのスキゾイドですが、意外と彼氏は途切れません。が、あまり他人に興味もなく、「好き」という感覚もよくわからず、なんとな

スキ子ちゃん

スキ子ちゃん 1泊2日で出張へ
あっちに乗り、こっちに乗り
よし ぶじ乗れた
Pi
のど渇いたー
Pi
あそこへ行き、ここへ行き
お腹すいた
Pi
こんにちは スキ子です
ここは私が
おいしいご飯をごちそうになり
ペコリ
充実の旅から帰宅し
いい宿だったー
Pi
財布を忘れたまま過ごしていたことに帰ってから気づく…
ハッ
あれ？なんでここに財布…
まさか…

くそういうことになりなんとなく一緒にいてなんとなく自然消滅のパターン多し。

「大学のとき同じグループだった子～」

あまり気のないスキ子ちゃんの返事に、サイ子ちゃんがそれ以上話を振ってくることはなく、各々が会計に並びました。

（やっぱり来なければよかった……私ってやっぱり嫌われてる気がする……）

ただでさえ希薄な存在感を、さらに薄くさせて会計を済まそうとしたとき、財布を持って来るのを忘れたことに気づきました。

（はああ、今日も疲れたなあ……）

決死の覚悟で満員電車に乗り、コンビニでざるそばを買って家に帰ると、数日間チェックし忘れている郵便ポストを今日も開けずに部屋に入り、ソファに倒れ込んでそのまま寝てしまいました。外を歩く酔っ払いの大声にびっくりして目が覚めるともう夜中の3時。

POINT

寝落ちする率は5キャラクター中ダントツの1位。

（もうやだ、こんな生活……どこか遠いところへ行きたい……ここではないどこかへ）

シャワーを浴びて布団に潜り込み、朝が来なければいいのにと思いながら眠りにつくのでした。

ラル子ちゃんの1日【オーラル編】

（ああ、昨夜も眠れなかった……）

ぬいぐるみを抱き寄せながら、ラル子ちゃんは思いました。

POINT **オーラルはかわいいもの、ちんまりこまごましたもの、キラキラしたものが大好き。ただし自己肯定感が低いため、高価なものは買えません。**

昨夜の悩みの原因は、昨日届いた同窓会の案内です。

（行きたいけど……私なんかが行っても大丈夫なのかなあ？……誰も私のこと覚えてててくれなかったらどうしよう？……誰が来るのかなあ……幹事のマゾ美ちゃんに聞いてみよう

かなあ……でも、そんなこと聞いたらいやがられるかも……みんな行くのかなあ……誰もいなかったらどうしよう……でも行きたいなあ……でも私なんかが行っても（以下略）
「あー、どうしたらいいか、わかんなーい(泣)」
朝起きてすぐだというのに、堂々巡りの思考を延々と続けながら、フリルのついたパジャマをきれいに畳んで朝の準備を始めます。
顔を洗って内股気味に鏡の前に立つラル子ちゃんは目が大きくいつもウルウルと潤んでいて、無意識に小首をかしげる癖のある、いわゆる小動物系のかわいいタイプ。ただ、猫背で巻き肩でいつも下を向いているので決して人に明るい印象を与えません。手は力なく前に垂れO脚気味なので、小柄で痩せ気味な

ラル子ちゃん

- メール、LINE、電話すべて長い
- 言えない
- 断れない
- もらえない
- 小動物系

- 口癖は
  「なーい」
  「な～い」
  「ないの……」
- ふんわりキラキラ大好き

わりに洋梨型の体型をしています。

「えーん、そういえば化粧水がもうなくなっちゃってたんだった〜」

「えーん、昨日パンを買い忘れちゃったから、朝ごはんがなーい」

通勤の電車に乗ってからも

「しまったー、スマホの充電残り８％しかなーい」

ラル子ちゃんの１日は「なーい、なーい」と「えーん」でいっぱい。

会社で上司に書類の不備を指摘され、大きな目に涙をいっぱい溜め、なで肩をさらにしょんぼりと落とし、内股でとぼとぼと自分のデスクに戻ります。

大きなため息をつきながら書類を作り直し始めると、マゾ美ちゃんがスキ子ちゃんをランチに誘っている声が聞こえてきました。

（いいなあ……今日あの新しいイタリアンのお店に行くんだ……あそこ、作ってるときからずっと行きたいと思ってたんだよね……いいなあ……行くんだ……）

自分も一緒に行きたいけど誘ってもらえないラル子ちゃんは、勝手に「自分は仲間外れにされているから行ってはいけない」という気分になり、上目遣いでうらめしそうにマゾ美ちゃんを見つめます。

POINT

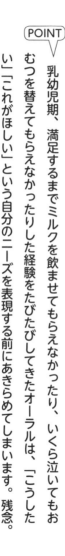

乳幼児期、満足するまでミルクを飲ませてもらえなかったり、いくら泣いてもおむつを替えてもらえなかったりした経験をたびたびしてきたオーラルは、「こうしたい」「これがほしい」という自分のニーズを表現する前にあきらめてしまいます。残念。

「ラル子ちゃん、今日のランチ、みんなで新しくできたイタリアンに行かない？」

マゾ美の丸顔がニコニコのぞき込んできました。

「え……私も一緒に行っていいの？　私、邪魔じゃないかな……？」

「邪魔なんかじゃないよ！　みんなで行こう♪」

（わ、ちょっとうれしいかも……♪）

POINT

うれしいと思ったら、それをそのまま伝えればいいのに、オーラルはそれを言えません。

置いていかれないように、ラル子ちゃんは、ランチタイム前にマゾ美ちゃんの近くをうろうろしてお店に向かいました。

ラル子ちゃんってこんな人

「私、この一番高いコースにする」

「サイ子ちゃん、コースなんか頼んだら午後の始業に間に合わないでしょ」

メニューを見ながら、どれにしようかいつまでも決められないラル子ちゃんをよそに、サイ子ちゃんとリジコちゃんが話しています。

「ラル子ちゃん、まだ決まらないの？　じゃあ、私Aランチにするから B ランチにすれば？　それで半分こにしよう♪　決まり！」

またまたマゾ美に強引に押し切られ、何も言えずにオーダーが決まりました。

（えーん。できればAランチのほうが安いから、Aランチがよかったな……）

そのうちお料理が到着し始めますが、ラル子ちゃんのBランチは待てど暮らせど現れません。

「あの……」

消え入りそうな声でそっと手を挙げて店員さんを呼ぶものの、忙しそうに歩く姿に気後れしてなかなか呼び止めることができず、あきらめかけるラル子ちゃん。（お腹空いた……今日の朝も食べられなかったのに……ぐすん）

「すみません。Bランチがまだ来ていないので至急確認していただけますか？」

どうしてラル子ちゃんになったの

おっぱいが思うように飲めない
うとうと…
泣いても母親が来ない
ぽつん
オムツを替えてもらえないっ
もぞもぞ…
ずっしり
母親を妹や弟に取られる
ママー
外に置いていかれる
もう知らないわよ
おもちゃ売場
ぽつん
優しさからゆずっても
もー
妹にあげなさい お姉ちゃんなんだから
ちょっとだけだよ
あ゛ー
わかってもらえない
泣かないのよ そんなことで
ビリッ
〝そうして私は見捨てられた〟
と思うのです
留守番

真っ直ぐに手を挙げて店員さんを呼び止めたリジコちゃんに助けられ、みんなのお皿が半分以上空になった頃、ようやくラル子ちゃんのBランチがやってきて、なんとかお昼を食べることができました。

POINT **大人になってからも自分のニーズを表現する前にあきらめてしまうラル子には、残念ながらこのようなできごとが繰り返し起こります。残念……。**

（はあ。私ってどうしてこんなにダメダメなんだろう……）

一日の仕事を終え、帰り支度を始めるラル子ちゃんのデスクにサイ子ちゃんがやってきました。

「ラル子！　ごめ～ん、ちょっと仕事お願いしていい？　私今夜急に用事が入っちゃってさ～よろしくね！　今度おごるから♡」

ラル子ちゃんが断らないことを前提として、一方的に仕事を押しつけ、サイ子ちゃんは「お先でーす♡」と定時退社。

（はあああ。いつもこうやってサイ子ちゃんに使われちゃう私って、なんてダメダメなん

ラル子ちゃん

同僚との楽しいカフェタイム
ほんとー
このカップすてき
すてきー
お家の中こんなかわいいカップでいっぱいにしたいなー
そうだよねー
でも金欠なんだー欲しいけどねー
…
…
こんなカフェで働きたいなー
仕事辞めたいなー
おいしー
ねー辞めたいよねー
憧れるー
わくわく
体力いるよねー
うーん
しんどいよねー
あ、のみおわった
でもさこの歳で転職無理だよねー
そうだね…
…
…
おいしいね…
終わらないオーラル会議…

だろう……)

　残業を終え、絶望と疲れでがっくりと肩を落とし、とぼとぼと家に帰るラル子ちゃん。電車の中で彼氏に長いメッセージを書いてＬＩＮＥをしたけれど、なかなか返事が来ません。

POINT

メールや電話が長く、長いだけで要領を得ない人はオーラルだと思って間違いありません。

(既読になってるのに……なんで返事くれないんだろう……)

心配になって、もう一度、ＬＩＮＥを送ります。

「どうしたの？　疲れてる？　私も今日すごく疲れてててああでこうで……(以下略)」

(えーん、今度は既読にならない。なんで読んでくれないの？　なんで？　もう私のこと嫌いになったのかなあ……えーん、えーん。また今夜も眠れない。あ、ラル美ちゃんに電話して相談してみようかな？　ラル美ちゃんならきっと話を聞いてくれるはず！)

POINT

「私ってダメダメ」なネガティブ思考が前提なので、すべて悪いほうにしかオーラ

ルの想像は働きません。残念。

「もしもし、ラル美ちゃん？　遅い時間にごめんね……えーん、聞いてくれる？　彼氏がＬＩＮＥの返事くれないの……」

こうしてラル子ちゃんとラル美ちゃんの夜は更けていくのでした。

※ちなみにラル子ちゃんの彼氏は長～いＬＩＮＥを見ながら寝落ちてしてしまったのでした。

マゾ美ちゃんの1日【マゾキスト編】

「マゾ美ちゃーん、朝よ～。ご飯よ～。起きなさ～い」

（あ――……まだ寝ていたい。起きたくない。動きたくない）

階下から聞こえるお母さんの声に、ベッドの中で小さく舌打ちをしながらマゾ美ちゃんはのろのろとベッドから起き出し、ドタンバタンと音を立てながら階段を降りていきます。

「お母さん、おはよう」

「朝ごはんの準備できてるよ。朝はしっかり食べないと元気が出ないでしょ！ 朝はちゃんと食べなさい。ほらお母さんマゾ美の好きなりんごもむいてあげるから」

「……わかったー」（ああ……もう……うざい。でも、言い返してもどうせ聞いてくれないんだよなあ）

POINT

マゾキストは大人になっても「家」から離れられず、いつまでも無意識に親の支配下にある子どもでい続けようとします。

お腹いっぱい朝ごはんを食べたマゾ美

マゾ美ちゃん

- 丸顔ぽっちゃり
- 溜め込み型
- 表面ニコニコ
- 内心ムッツリ
- 存在感ドーン
- 生きる調整さん

ちゃんは、洗面所で出かける準備を始めます。

（あーめんどくさい。何で女は化粧しなきゃいけないんだろう。あーめんどくさ）

お母さんに聞こえるようにわざと大きなため息をつくマゾ美ちゃんは童顔で、人のよさそうな垂れ目はいつもニコニコして人を安心させます。体はぽっちゃりと厚みがあって、どちらかというとしっかり中身の詰まった筋肉質な体をしていて、体型は、洋梨型のラル子ちゃんとは反対にりんご型のがっちりタイプ。

通勤電車のつり革にぼんやりとつかまって週刊誌の中吊り広告を眺めながら、幹事として企画した（実際に企画したのは主にサイコパスのサイ男くんで、マゾ美の担当は案内ハガキの作成や投函や参加者の取りまとめや会場の手配、つまり面倒なこと全部）同窓会のことを考えてマゾ美ちゃんはちょっと楽しくなります。

（話題の美味しい店もおさえたし、みんな来てくれるといいな♪あーでも、返信ハガキは私の家に届くんだった……あ――――　返事取りまとめるのめんどくさいな……）

（あー、今日も仕事しなきゃ。早く週末にならないかなあ）

出勤して自分のデスクに座ると、待ち構えていたようにサイ子ちゃんがチェアごと移動して話しかけてきました。

「ねね、マゾ美、最近近くにできたイタリアンのお店、知ってる？」

「知ってる。あそこって、某有名ホテルのシェフだった○○さんが独立して開いたお店で、△△が超売りみたいよ。あとジェラートが絶品で絶対食べたほうがいいらしい」

「決まり！　今日みんなでそこにランチ行こ。私リジコに声かけておくから、マゾ美はスキ子とラル子に声かけておいて」

（もー、めんどくさいなあ。えー。私が誘わないといけないの？　サイ子が自分で誘えばいいのに）「うん！　わかった☺♪」

POINT
いやだと思っても断れず、表面的にはニコニコ振る舞ってしまうマゾキストは、こうして心の中に怒りを溜めていきます。その怒りはやがて悪意へと姿を変えます……。

「ねえねえマゾ美って、よくお弁当持ってきてるよね。すごいよね！　私、男に作るんじゃなければ自分で自分にお弁当なんて作ったことないわよ（笑）」

マゾ美ちゃんってこんな人

ランチタイム後のおしゃべりで、サイ子ちゃんにさりげなくマウントを取られて一瞬ムッとしますが、マゾ美ちゃんはあくまでも表面上はいつもニコニコ。でも、心の中の〈マゾ美イライラスタンプカード〉には☠スタンプが押されます。このイライラスタンプカードのスタンプが満タンになると、マゾ美はあたりかまわず怒りを爆発させるのです。そして、その被害者になるのは気の毒なことにたいていラル子ちゃんです。

POINT **いつもニコニコ「Yes」を言いながら、最後の最後で思いっきり悪意を込めて「No!」を突きつけてまわりを混乱させるのは、マゾキストの得意技・ちゃぶ台返し。**

（本当サイ子ってめんどくさい）

「サイ子はモテるからね！ でも私もお母さんにお弁当持たされてるだけだよ～」

ずっと実家暮らしのマゾ美は実は自分でお弁当なんて作ったことはありません。いつもお母さんが作ってくれるのです。ついでに部屋の掃除も、洗濯も、全部お母さんがやってくれます。この会社に入社したときも、お母さんが菓子折を持って課長に挨拶にきました。みんなはちょっとびっくりしていたようですが、マゾ美にとってお母さんが自分のテリト

どうしてマゾ美ちゃんになったの

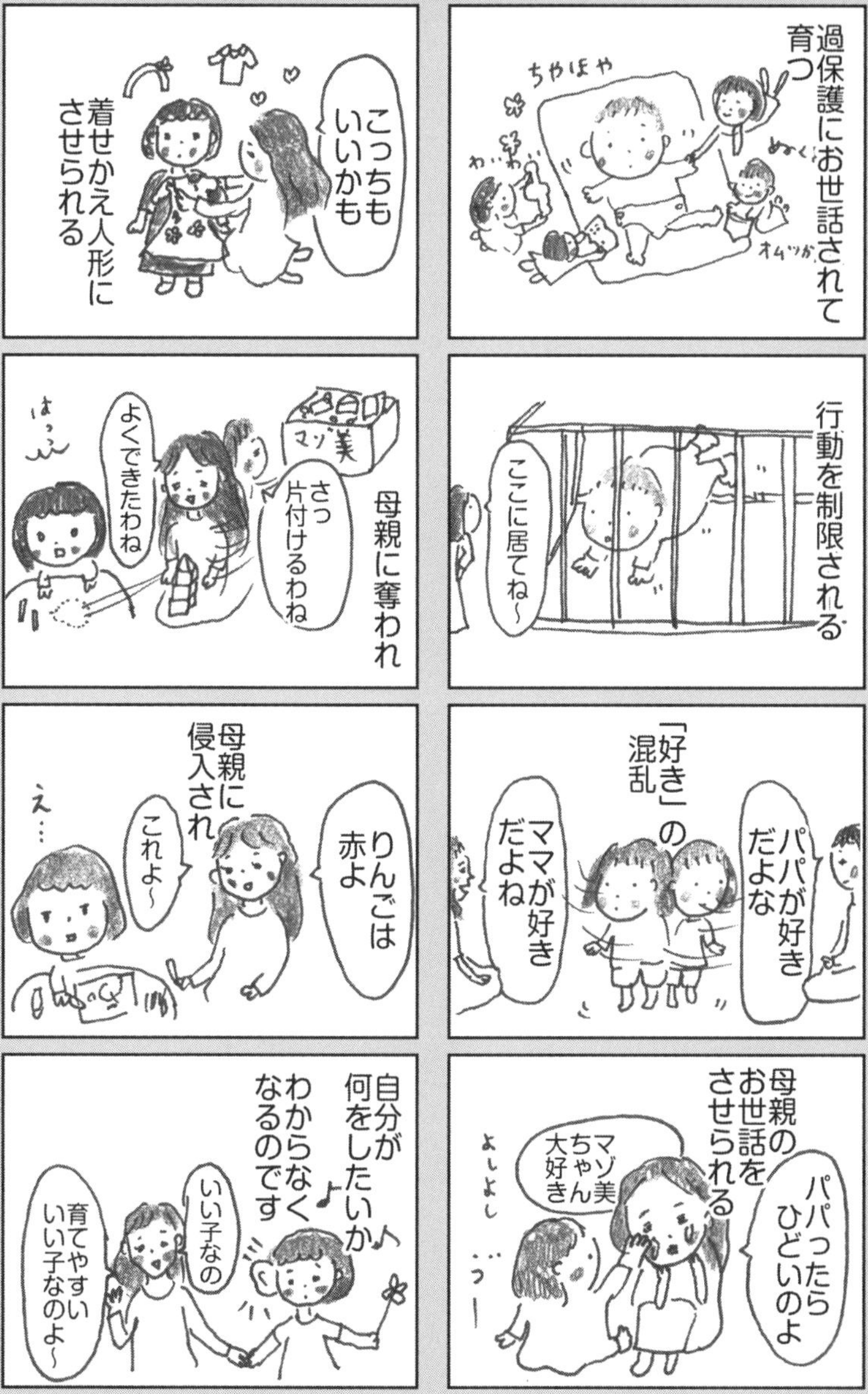

過保護にお世話されて育つ
ちやほや
オムツが
行動を制限される
ここに居てね～
「好き」の混乱
パパが好きだよな
ママが好きだよね
母親のお世話をさせられる
パパったらひどいのよ
マゾ美ちゃん大好き
よしよし
着せかえ人形にさせられる
こっちもいいかも
母親に奪われ
さっ片付けるわね
マゾ美
よくできたわね
母親に侵入され
りんごは赤よ
これよ～
え…
自分が何をしたいかわからなくなるのです
いい子なの
育てやすいいい子なのよ～

リーに入ってくるのはあたりまえのことすぎて、なぜみんなが驚いているのかがわかりませんでした。

POINT　子どもの頃からお母さんに物理的にも心理的にも精神的にも自分のテリトリーを侵害され続けているマゾキストは、バウンダリーの侵害に5キャラクターの中で一番鈍感です。

「……マゾ美ちゃんのお母さんって、優しいんだね。私のお母さんは……　それで……なの、でも……」

ラル子ちゃんが大きな目で伏し目がちにみんなを見ながら、消え入りそうな声で何か話しているので、声が小さすぎて何を言っているのかわからないけど、とりあえずマゾ美はニコニコとラル子ちゃんに相槌を打ちます。

（あー、もう、めんどくさいけどラル子ちゃんって私を見て話すから、相槌打ってあげなきゃ）

「あ、みんな、あと15分で始業よ。全員が別々に会計を済ませても、15分あれば会社に戻って歯磨きまで済ませられる」

ラル子ちゃんがまだ話しているのにリジコちゃんはすっくと立ち上がり、みんなも何となく立ち上がって会計に向かいます。

（あーあ、リジコって本当デリカシーないっていうか……ほら、ラル子ちゃんの目がウルウルしてるじゃない。私が慰めなきゃ。あー、もうめんどくさいな）

「ラル子ちゃんのお母さんも優しいんだね♪」

（は～、疲れた。やっと一日終わった。今日の晩ご飯なんだろ？　あ！　今日は連ドラの最終回だから忘れずに録画もしなきゃ！）

帰りの電車でスマホを開くと、いくつも登録している出会い系アプリに通知マークがついています。マゾ美ちゃんの丸々とした指が素早くスマホを操作して、いくつかのアプリを同時チェック。

（あ！　また××くんだ♪この人いつも私に「いいね」くれるのよね……私のこと気に入ってるんだわ。彼にお返事しなきゃ！）

（あら？　新しい人から「いいね」がついてる♪　前の彼とはホテルまで行ったけど、そのあとに妻子持ちってわかったのよね……でも誘ってくるからずるずる続いちゃってるし……この新しい彼と会ってみようかしら？「いいね」くれてるってことは、私のこと気に入ってるってことだし）

POINT

マゾキストにとって大事なのは相手が自分に好意があるかないか、ただそれだけで、自分がその人をどう思っているかという視点がありません。マゾキストの辞書に主体性という言葉はないのです。

家に着き、玄関を入るとカレーのいい匂いが家中に漂っていますが、実は今日マゾ子ちゃんの食べたランチAは「シェフの特製スープカリー（限定5食）」でした。

「え〜、今夜カレー？　私、今日のランチで超美味しいカレー食べてきたのに〜」

「マゾ美は昔からカレーが好きで、子どもの頃は毎日カレーでもいいって言ってたのよ〜。だからお母さん、昨日から張りきって仕込んでたの。いっぱい食べなさい」

「（あ――――もう！！！！！　うざい！！！！！　昼もカレーだったって言ってるじゃん！！！！！）……うん、いただきます☺♪……お母さん、テレビつけて！」

マゾ美ちゃん

いつも忙しいマゾ美ちゃん
やんなきゃー
マゾ美ちゃんお願いできる？
今日中ね
はい♪
わかりました
人に頼まれると断れないマゾ美ちゃん
なんで引き受けちゃったんだろう
はー
これやんなきゃ…
あれやんなきゃ…
マゾ美ちゃんがいてくれて助かる
…
うんうん
あー時間ないのにー
今日中にやんなきゃいけないことなんだっけ
ふー
キャピキャピ
マゾ美ご飯いかない？
あれやんなきゃー
カンパーイ
おつかれー
あー帰ったら仕事やんなきゃー
やっぱりたまっていくマゾ美ちゃん
まいっかー

POINT イライラスタンプカードにまた☠が押され、そろそろスタンプが満タンになりそう。「お母さん、テレビつけて！」の声色に、相手を怒らせようという悪意がにじんできます。

表面的にはいつもニコニコ。だけどマゾ美の闇は、深い。

サイ子ちゃんの1日【サイコパス編】

（あーあのプレゼンの資料のあそこはもっとこうしたほうがいいから、今日やる時間あるかな……ギリっ（歯ぎしりの音）……今日の予定は10時に会議で11時半にギリっ……あ、そういえばあのブランドの新作発表会っていつだっけ……ＤＭが来てたな……ＤＭと一緒になんかハガキ来てたけどあれなんだっけ、ギリっ……あーーー同窓会のハガキだ。同窓会。確か土曜日だったから金曜にエクステの予約取れるかなあ、ネイルはその前の週の週末でいいかな。あとヘッドスパとトリートメントの予約も入れておかないと！　幹事誰だっけ？　マゾ美だわ。私になんの相談もなく同窓会っていい度胸してるわよね。ギリっ……しかもサイ男と一緒に幹事なんて、サイ男もなんで私じゃなく、マゾ美なのよ。ギリっ……あ、そろそろアラーム鳴りそう）

サイ子ちゃんはいつも、眠りから覚めた瞬間から目が開けられるくらい意識が戻るまでずっと何かをとりとめなく考えています。

POINT

サイコパスは本当に常に何かを考えていますが、その時間の多くは目の前の現実や真実とは異なる、自分の『イメージ』の連想ゲームです。しかも本人は、それが現実や真実であると信じ

サイ子ちゃん

- ゴージャス大好き
- 女子力㊣高
- あたし最高
- 思い込み自爆型
- 勘違い爆走型

込んでいるので始末が悪い。

今日は隣に誰もいないので、誰も見ていないのにセクシーに伸びをしてあくびをしながら素足にふかふかのファースリッパを引っ掛けてキッチンに向かうサイ子ちゃんは、姿勢がよく、ウェストがきゅっとくびれたナイスバディ。足もすらっとしています。ですが、寝ている間に奥歯をギリギリ噛み締めているため、ときどき歯ぎしりしていることを本人は知りません。

サイ子ちゃんの朝は、特別に取り寄せたオーガニック栽培のお野菜と果物でスムージーを作ることから始まります。

（今日は小松菜と、バナナと、何のスムージーにしようかな）

と思いながら、今日の午後のプレゼンの流れをもう一度頭の中でおさらいしながら、

（あ、最近彼氏と会ってないなあ。連絡入れておかなきゃ）

と思って、ささっと「おはよ。昨夜は●○くんのこと思い出して、会いたくて眠れなくなっちゃった」と、ＬＩＮＥを打ちながら、

（そろそろ化粧水がなくなりそうなんだった！　足りなくならないように注文しておかな

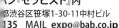

スキルアップ、ビジネスコラボから、マッチング
4つのEXPOで新たな出会いと発見ができる、セラピ

学ぶ！成長する！

一流講師陣による約60の特別セミナーと特別講演開催！

手技力アップのセミナーから、アロマ・ハーブ、メディカル、ビューティー、フード、オラクル＆タロットカードまで、約60の講座・講演を開催。2日間にわたり学びの場をご用意します。

主な講師陣 50音順

浅井隆彦　アネルズあづさ　磯部百香　市野さおり　伊藤麻美　上原健志　大野百合子
小澤智子　小田ゆき　梶 智穂　唐鎌由利亜　川上拓人　小林ケイ　田中玲子　中島由美子
西川眞知子　仁科まさき　野見山文宏　八賀千枝　円山カヲリ　夜久ルミ子　ゆう先生　Yuki

※敬称略　4月25日現在の登壇予定講師

出会う！広がる！

仕事が見つかる！講師・生徒と出会える！ビジネス・マッチングが実現

セラピスト同士、出展社とセラピスト、サロンとセラピスト、サロンとお客さま、講師と生徒などなど、B to B、B to C、C to Cの、あらゆる出会いの場をご提供します。ビジネスマッチングの機会に、「セラピスト大交流会」をご活用ください！

大交流会開催！

観る！参加する！

「タイマ
など新

今年は新たに「タイマッサー
「身体を動かすワークショッフ
ゾーン」「和精油コーナー」も

買う！体験する！

新メソッ
ショッヒ

サロンのメニューに加えたい新
見つけたり……。お買い物・仕

セラピーワール

会 場　東京都立
東京都港区

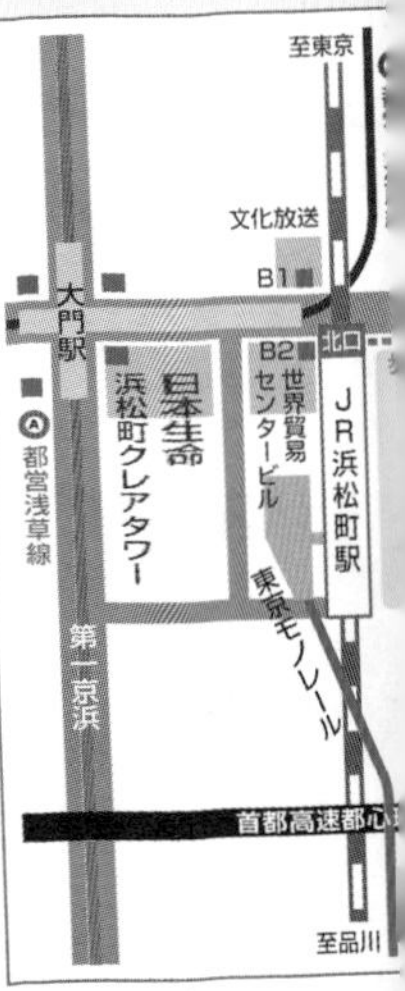

アクセス
- JR浜松
- 東京モ
- 新交通
- 都営浅
- 羽田空

セラピーワールド

主催　「セラピーワー
（株）BABジャ
〒151-0073 東京
TEL 03-3469-

LINE　お友達登録
コチラから

後援（50音順）　一般社団法
特定非営利
一般社団法人 日本オーガニックコ
特定非営利活動法人 日本ホリスティ
一般社団法人 日本リラクゼーション

きゃ。でも送料無料にするのに、あと何を頼めばいいかしら？）

と、スムージーをぐびぐび飲み干して、海外ブランドものメイク用品がずらりと並んだドレッサーの前に座り、プレゼン用に気合の入ったメイクを始めました。

（今日は何を着て行こうかしら……あ、今日ってば、営業の▼▶くんが一日中社内にいる日じゃない！　うふふ、シーム入りストッキングにスリット入りのタイトスカートにしよーっと♪）

POINT　子どもの頃、パパにお姫様のようにかわいがられていたのに、そのパパはママと結婚していた……というトラウマがあるため、サイコパスは異性の目（彼氏以外の異性も含め、異性全般）を常に意識している。

手元でスマホをチェックしながらメイクと着替えを済ませ、さっそうと駅に向かうサイ子ちゃん。ブランドものを上手に着こなし、ファッションセンスもよいので、どこにいても人目を引きます。異性の目も同性からの目線も両方を意識しつつ、駅に着くまでには彼氏との次のデートの約束が決まりました。

（同窓会に元カレの※◎や○◎や■★、来るのかしら……久しぶりに連絡してみようかな♪　あっやだ～、あそこに座ってる子超イケメン、私好み♡）

そのイケメンに向かって自分の一番のキメ顔をしながら、電車を降りるまで彼を意識し続けるサイ子ちゃんでしたが、手元ではさっそく友だちにＬＩＮＥして元カレの連絡先を知っていないか確認したり、明日のアポイントのリマインドをしたりと、時間を惜しむように何人もと連絡を取り続けながら、ただでさえ目力のある目が、急にハンターの目になったサイ子ちゃん。どうやら前方に、ちょっとお気に入りの男性社員を見つけたようです。

「あ♡おはよー□◇くん♪　もしかして今の電車乗ってたー？」

「おはよう、サイ子ちゃん。うん、乗ってた。サイ子ちゃんも？」

「うん。やーん、電車の中で会えたら楽しかったのにね♪」

「だね！　それはそうと、この新しくできたイタリアン、行ったことある？　俺気になってて」

「私もー！　今度ご飯食べに行かない？（よっしゃー、その前にみんなで偵察しておこうかしら……）」

サイ子ちゃんってこんな人

（スキ子は話が通じないからイラつくし、ラル子は話が長くて面倒だから、どっちもマゾ美に誘わせよっと）「おはようリジコ。ねえ、今日のランチ新しくできたイタリアンに……」

会議を終え、かけなければいけない電話、書かなければいけないメールをすべて済ませると、時計はちょうど12時。楽しいランチタイムの時間です。華麗にエレベーターに乗り込みオフィスを出るサイ子ちゃんのあとに、リジコちゃんやマゾ美ちゃん、マゾ美ちゃんにくっついているラル子ちゃんも続きます。

外に出ると、反対側の道路をスキ子ちゃんがふわふわ歩いているのが見えました。

「あれスキ子じゃない？　本当あの子協調性ないんだから……マゾ美、ちゃんと誘ったの？」

「（イラッ……）うん、誘ったんだけどなー。スキ子ちゃーん、どこ行くの！　こっちこっち！（表面上は満面の笑みで）」

レストランでテーブルに案内されると、サイ子ちゃんは一番いいソファの席にさっさと座ります。その横に音もなくリジコが座り、向かいの椅子席にマゾ美、マゾ美の隣にラル子。あぶれたスキ子ちゃんに店員さんが椅子を持ってきてくれて、いわゆるお誕生席にスキ子が座りました。

「スキ子お誕生席じゃん！私も特別席がよかったなー。笑笑」

サイ子ちゃんの言葉の真意をはかりかねて固まったまま返事のできないスキ子ちゃんをよそに、サイ子ちゃんはメニューを見て言います。

「私、この一番高いコースにする（ワインでも飲みたいところだけど、それは□◇くんと来たときのお楽しみにしよっと）」（※そもそも仕事中にお酒を飲んではいけません）

（それにしてもスキ子ってなんかいつもビクビクしててついからかいたくなっちゃうのよね〜）

「スキ子ってさあ、彼氏いるの（いるわけないと思うけど）？」

「うん、いるよ〜」

（えーこの子全然色気ないのに、Hとかどうするのかしら？あら？ラル子のオーダーまだ来てないんじゃない？この子なんで黙ってるのよ、まだ来てないって店員に言いなさいよ。あ！あの奥まった席、デートで来たときいい雰囲気になりそう……）

食事を終え、リジコを先頭に会計を済ませてオフィスに戻る5人。みんな歯ブラシを持って一斉に歯磨きに向かうなか合理的なサイ子は洗口液でくちゅくちゅぺっ。一番に席に戻って午後の仕事を始めます。抜群の集中力を発揮して資料を作っていると、改善点を発見。鬼の首を取ったかのようにさっそうと上司に報告しにいくと、

「じゃあ悪いけどサイ子ちゃん、その書類明日までに直しておいて」

「(!)は？ え？ あ、はーい（ちょっと勘弁してよ〜。今日私、会議続きで疲れてるんだから！）」

ただでさえ過密スケジュールなのに、さらに仕事を振られてイライラしているサイ子ちゃんでしたが、仲のいいイケメン同僚の★×くんが自分のほうを見ていることに気づいた瞬間、笑顔になりました。

「サイ子ちゃん、いつも忙しそうだね」

「うん、毎日ミーティング三昧よ〜。ね、今度飲みに行こうよ♪」

「いいね〜。ラル子ちゃんも連れてきてよ」

（は？？？？？　ラル子ちゃんも連れてきてよですって？？？？？）

「俺、結構ラル子ちゃん好みなんだよね。サイ子みたいな美人タイプもいいけど、ラル子

どうしてサイ子ちゃんになったの

父親が他の女性に夢中
パパー ねえパパー
ちらっ
おー この子 かわいいな
TV
比べられること
お受験A子ちゃん受かったって サイ子ちゃんもしっかりね
パチパチパチパチパチ
ママ うれしー
宿題
習い事
お手伝い
タスク
がんばっても終わらない
屈辱感を与えられる
ママー つかれたよー
情けないわね
何言ってんの
お受験
"特別感"の誤解
あなたのほうが優れてるわ
なにあの親子 負けちゃダメよ
コンクール2位だったでしょ もっと練習しなさい
劣等感を与えられる
そうして"人生は戦場である"と思うのです
モンペ
PTA
うちの子に謝罪して下さい

ちゃん、ちょっと小首傾げて人の話聞いてたりして、かわいいんだよね」

（私よりラル子……）

POINT

子どもの頃、何かにつけてきょうだいと比較されては優越感と劣等感の間を行ったり来たりしていたサイコパスは、大人になってもつい自動的に自分と他者を比較しては一喜一憂。優越感を感じたときも、「いつか自分が下になるかも」と思って焦燥感に駆られます。

「……そうなんだー！　わかった、任せて！　ラル子誘うよ♪　また連絡するね」

（私よりラル子のほうがかわいいってこと？　この私にラル子との仲を取り持ってほしいってこと？　あいつ今まで私をラル子より下に見てたってこと？　この間ご飯食べたときもそう思ってたってこと？）

サイ子ちゃんの頭の中では一気に連想ゲームが始まり、さらに子どもの頃の光景がフラッシュバック。

（あ～もう。子どもの頃もいつも愛想のいい妹のラル香ばっかり可愛がられてたっけ。パ

ご飯どこ行こっかー
おなかすいたね
わくわく
ピコピコピコピコ
○○ホテルのランチおすすめだって ここにしましょ
高級フレンチランチだってー
ピーン
流行に敏感なサイ子ちゃん
星5つあるね
予約しよっかー
ピコピコピコピコ
わー
検索得意なサイ子ちゃん
予約したいのですが
待って!!!
あ!!!
「最高」のためには手間をおしまない
こちら○○ホテルです
あ、ごめんなさい かけ直します
和食の達人の和ランチだってー
期間限定
ここにしよう
"特別"に弱い
う…うん
ネットで予約できるよー
楽しみね
うんうん
ピコピコピコピコ
予約完了っと
SNSでリジコちゃんが○○ホテル行ってる!!!
あ
おいしそう!!!
ふー
やっぱり○○ホテルにしよう!!
決定
お化粧直してくる〜
…
そんなサイ子ちゃんに振り回されるラル子ちゃんとマゾ美なのであった…

パの出張のお土産も、ママが買ってくるお洋服も、いつもラル香のほうが高そうだった。★×くんも私に本当はおごったりしたくないのかもしれない。いいわよ、そのつもりならそのつもりで。ラル子だけにおごればいいんだわ）

イライラとハイヒールのかかとを鳴らしながらデスクに戻ると、ラル子ちゃんが帰り支度をしているのが目に入りました。

（何よ！　かわいこぶってなよなよウルウルしちゃってさ。そうだ！　さっきふられた仕事押しつけちゃえ。だってラル子は頼まれたら断れないもの）

「ラル子！　ごめ～ん、ちょっと仕事お願いしていい？　私今夜急に用事が入っちゃってさ～。よろしくね！　今度おごるから♡」

書類を押しつけられて呆然と突っ立っているラル子ちゃんを尻目に、サイ子ちゃんはブランド物のバッグをサッと腕にかけ、洗面所でお化粧直しをし、お気に入りの香水をつけ、行きつけのバーに向かいます。

「マスター、もう私疲れちゃった。強いカクテル作って」

メニューにはない特別のカクテルを傾け、氷の音をさせながらカウンターに腰掛けるサイ子ちゃんに、マスターがグラスを拭きながら話しかけます。

「いつもたいへんねー。サイ子ちゃん。今日、いい魚が入ったから賄い用にポワレにしたの。食べてみない？　アタシからいつも頑張ってるサイ子ちゃんに、特別サービスよ」

「やったー。うれしい♪　マスター大好き！」

POINT

サイコパスは特別扱いが大好き。特別扱いされることを勝手に期待し、そうされないと落ち込みます。ひどいときには「裏切られた」と恨みに思うことも。そのくらい、サイコパスの世界は自分の思い込んだイメージで固まっています。

続々と集まってくる常連仲間にちやほやされ、すっかり機嫌の直ったサイ子ちゃんは家路につきます。家に着いたら、いい匂いのバスボムを入れて優雅なバスタイム（この頃まだラル子ちゃんは残業中）。お風呂上がりに時間をかけてお肌のお手入れをしていたら、彼氏からもＬＩＮＥが入り、しばしメッセージをやり取り。チーズをつまみにワインを飲みながらネットフリックスで映画を見つつも、実は心の奥は晴れず、恒例の脳内一人反省会。（あのとき私なんであんなこと言っちゃったんだろう？　もっとかっこいいこと言えたはずなのに……もうやだ～あ～あのとき◆□さん、私のこと嫌いになったかな？　明日会ったら聞いてみようかな？　明日の予定ってなんだっけ？　明日そういえば、来客のアポがあるんだった。そういえば同窓会の出席の返信も出さなきゃ！　疲れたからマッサージの予約もしようかな……）

✸リジコちゃんの1日【リジット編】

夜、布団に入ったままの姿勢でパッと目を開けたリジコちゃん。時計を見ると、アラームをかけたちょうど5分前。パシッとアラームを切り、パシッと起き上がって、いつもの朝のルーティーンを始めます。キッチンに向かい、コーヒーを淹れて、昨夜準備しておいた朝食を食べ、歯を磨き、着替え、仕事に出かける準備をし、決まった時間に家を出ます。

太ってもいなければ痩せてもいない、ごく普通の体型のリジコちゃんですが、立ち居振る舞いは過剰なまでに礼儀正しく、隙がありません。背筋をスッと伸ばし、両手をしっかりと振ってむだなく歩くその動きはまるで軍隊が行進しているかのよう。

今日の駅までの予定でいつもと違うのは、昨夜届いた同窓会の案内の返信ハガキを家から駅までのポストに入れること。うっかり入れ忘れることのないように、しっかり手に持って家を出ますが、ハガキを忘れないことに気を取られ、途中でハッとしました。

（私、家の鍵閉めたかしら？　あら？　さっきお魚を焼いて、その後ガス栓はどうしたっけ……）

冷や水を浴びせられたような気分になり、手にしたハガキが汗で少し湿ってきました。

（鍵は、かけたはず。きっと大丈夫なはず。ガスも、止めたはず。きっと、大丈夫。大丈夫なはず）

息が詰まりそうになりながら、リジコちゃんは子どものときの、お母さんとお父さんの厳しい声を思い出します。

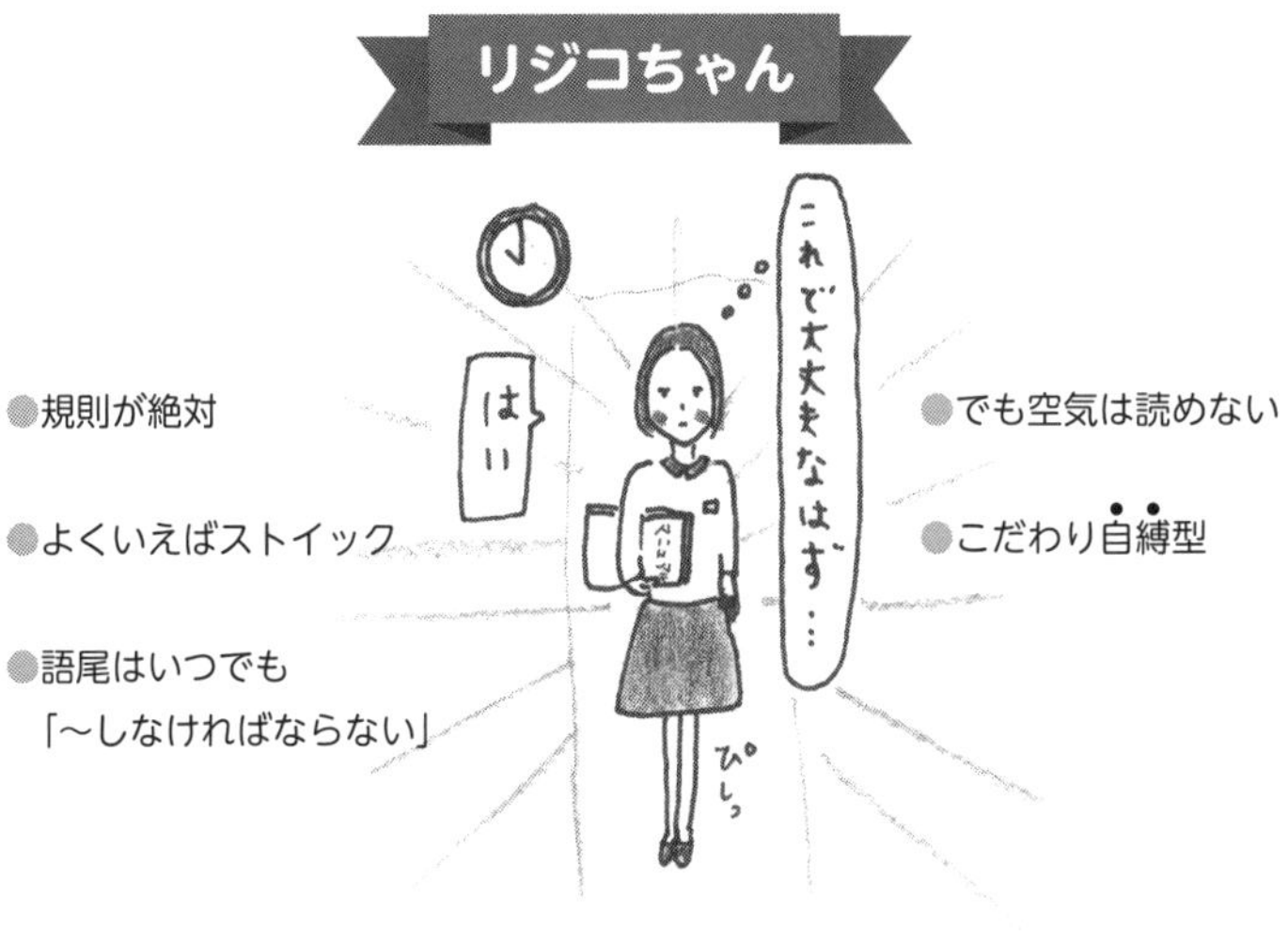
リジコちゃん
規則が絶対
よくいえばストイック
語尾はいつでも
「〜しなければならない」
でも空気は読めない
こだわり自縛型
これで大丈夫なはず…
はい
ぴしっ

（出かけるときはいつも「リジコちゃん、忘れ物はない？ ハンカチとティッシュは持ったの？ もう一度荷物を確認しなさい」って言われていたし、毎朝8時に家を出て会社に行っていたお父さんは、7時半になると「もう8時だ」って言ってたなあ）

目まいがしそうな息苦しさをなんとか抑え込み、いつもの電車のいつもの車両に、いつものように右足から乗り込み、ハンカチを取り出してつり革をつかもうとしたとき、まだ左手にハガキを持っていることに気づきました。

POINT

そのほか、何度も手を洗ってしまうなど、潔癖症気味の人が多いのがリジット。

（ああ、ハガキを出し忘れてしまった……忘れないように帰りに出さなきゃ）

会社にはいつものように30分前に到着。自分のデスクを隅から隅まで四角く拭き上げ、ホワイトボードも隅から隅まできれいに消し、日にちを書き直し、15分前に席についたリジコちゃん。（今日も時間どおりだわ）と満足げなリジコちゃんの目に映ったのは、きれいにネイルを塗った指先を、ひらひらさせながら、オフィスに入ってくるサイ子ちゃん。

早く乗りなさい
はやく はやく
まだなのか
シートベルトするんだぞ
は〜い
は〜い
静かにしなさい
ラジオが聞こえないぞ
しまった…免許証忘れた
は!!!
え?!
急いで取りに行ってくる
1時間経過…
2時間経過…
あれはひどい夏休みだった…

サイ子ちゃんは男性社員に愛想を振りまきながらリジコちゃんのところにやってきます。

「おはようリジコ。ねえ、今日のランチ、新しくできたイタリアンにみんなで行きましょ？」

「サイ子ちゃん、おはよう。ああ、そうなのね。みんなが行くんなら、行かなきゃね。じゃあ、スケジュールに記しておくね」

「（サイ子の心の声：今日の昼のことなんだからスケジュールに書く必要ないじゃん）やったー。めっちゃ楽しみ！　じゃあ、昼にね」


12時ちょうどにすっくと立ち上がったリジコちゃんに、さっとサイ子ちゃんが合流、エレベーターに向かいます。その後ろにニコニコとマゾ美がつき、ラル子が肩をすくめて、でもちょっぴりうれしそうな照れ臭そうな顔で続きます。

リジコちゃんはバッグの中の、朝出しそびれたハガキが気になってしかたありません。

POINT
決めた予定は予定どおりこなさないと気になってしかたがない。急な予定変更には脳の処理が追いつかずパニックになることも。

「マゾ美ちゃん、この辺ってポストなかったかしら」

「この辺にはなかったかも〜。なんで？」

「同窓会のハガキ。今朝返信出し忘れちゃって。出さないと」

「（え、別にすぐに出さなくたっていいのに。リジコちゃんって変なこだわりあるよね）締め切りまだだから大丈夫だよー！　なんなら私幹事だから今もらってもいいよ（笑）！」

「〈返信用ハガキを郵便ポストに投函しなければならないとばかり思っていたのに、マゾ美に手渡しでもいいと言われ、半ばパニックになりながら〉し、締め切りがまだとかそういうことではないの。今日投函する予定だから、投函しなければいけないの。」


レストランでは、当然のようにソファに腰を下ろしたサイ子ちゃんの隣に、当然のように座ります。なぜならマゾ美や特にラル子はサイ子の隣にはなかなか座らないため、どこに座るかで一瞬変な間が流れないよう、円滑に物事を進めたいからです。

POINT

サイコパスに意見できるのは5キャラクター中リジットのみ。サイコパスは意外とリジットに弱い。

メニューを眺め、「私、この一番高いコースにする」というサイ子ちゃんにリジコはすぐに釘を刺しました。

「サイ子ちゃん、コースなんか頼んだら午後の始業に間に合わないでしょ」

向かいの席ではマゾ美とラル子がランチセットを半分にする話をしており、スキ子はぼんやりとメニューのパスタのページを眺めています。

各々がオーダーを出しました。

「私、ランチコースで」

「……（あ、私、言っていいのかな？）あ、私、このアンチョビと野菜のレモン風味パスタっていうやつで……」

「私はAランチ。彼女はBランチで！ラル子ちゃん、Bでいいんだよね！ね！」

「私はビッグシーザーサラダとバゲット、それから食後にコーヒーをお願いします」

店員さんがリジコに確認しました。

「ランチセットやコースではなく、すべて単品でのご注文ということでよろしいですか？」

「はい？ええ、それでお願いします」

サイ子が隣でクスクス笑っています。

「それ普通全員でシェアして食べるやつじゃない？」

（ビッグシーザーサラダって、普通、全員でシェアして食べるためのメニューなの？メニューにそんなこと書いてないけど……そうなのかしら）

POINT

「普通」にこだわるわりに「普通」がわからない。

ほどなくしてビッグシーザーサラダが届き、リジコちゃんは食べ始めますが、しばらくしてラル子ちゃんのお料理がまだ届いていないことに気づきました。ラル子ちゃんは手を挙げて店員さんを呼びたそうにしていますが、気が小さいため、ランチタイムで忙しそうな店員さんに声をかけることができないようです。下を向いてため息をついているラル子ちゃんに代わって、リジコちゃんは右手をまっすぐに挙げて店員さんを呼びました。

「すみません。Bランチがまだ来ていないので至急確認していただけますか？」

ラル子がいつもウルウルさせている大きな目を一層ウルウルさせて言いました。

「リジコちゃん、ありがとう……私、本当にダメダメで……今朝もご飯食べてなくて、お腹空いてるのになかなか店員さんに声をかけられなくて……店員さんに迷惑（以下略）」

「いいのよ（だって、もたもたされて午後の始業に間に合わなかったら困るから）」

食事が終わり、コーヒーを飲みながら、サイ子ちゃんからの話題振りでみんながわいわい話していますが、リジコちゃんは気が気ではありません。

（始業前に席に着くには逆算してこの店を半には出なければ）

「みんな、あと15分で始業よ。全員が別々に会計を済ませても、15分あれば会社に戻って歯磨きまで済ませられる」

ピシッとそう言って立ち上がり、みんなの先頭を切って社に戻るリジコちゃん。午後は明日の会議の資料を作らなければいけません。大量のコピーをこなし、角を揃えてピシッと留め、10部ずつきれいに重ね、資料の山を淡々と作っていきます。

（この仕事、好き）

朝の始業前に書いたＴｏＤｏリストに、全部チェックがついたところでちょうど17時。

（今日もぴったり17時に終わったわ）

リジコちゃんはすっくと立ち上がり、バッグの中に朝出しそびれたハガキが入っているのを確かめてから退社しました。「お先に失礼します」

今朝の通勤時につり革に触れた面が、今度もつり革に触れるようハンカチを使ってつり

「きちんと」を求められる
汚れてるわよ恥ずかしい
靴はそろえなさい
会話のない食卓
あなたお茶です
もぐもぐもぐ
気まずい食卓
くるっ
「時間」と「早く」のプレッシャー
あと7分よ
早く早く
はやく
はやく
毎日同じことの繰り返し
早く食べなさいあと5分よ
真面目
厳格
よき母
よき父
こうあるべき
亭主関白
良妻賢母
泣かないの
しっかりしろ
ちゃんとして
笑うな
静かにしろ
うるさい!!
まだなの?
ぴしっ
こうして何も感じられなくなっていくのです
○○ちゃん○○高校に入って○○大学に行って公務員になってそうすれば安心ね
ぴし

革をつかむと、バッグの中の携帯からＬＩＮＥのお知らせの音がしました。

（いけない。電車の中では消音モードにしておかなければ）

あわててバッグからスマホを取り出して音を消すと、ＬＩＮＥは大学時代からの彼氏・リジ男君からでした。

「リジコちゃん、お疲れ様です。今度の日曜日、仏像展を見に行きませんか？」

その文面を見たリジコちゃんの頬がちょっぴり赤くなります。

「お誘い、ありがとうございます。日曜は予定が入っていないので、ぜひ。仏像展、楽しみにしております」

なぜか相手から「俺たち、つき合ってるんだよね？」と勘違いされることの多かったリジコちゃんですが、リジ男くんとのつき合いはきちんと申し込まれて始まりました。

POINT

自分に感情があるということがわからなければ、相手に感情があるということもわからないため、自分のプライベートゾーンに他者が入ってくることに無頓着。かつ相手の下心を感じても気づいていないふりをするため、特に恋愛に関しては相手を誤解させてしまうこともしばしば。

「リジコちゃん、おつき合いしませんか？」

「わかりました、おつき合いしましょう」

そのときのこと、そして週末の仏像展のことを考えて、ちょっぴり足取りが軽くなります。

（仏像の作品目録も思いきって買ってしまおうかしら……）

電車を降りたらいつもの駅前のスーパーに寄り、昨夜冷蔵庫をチェックして足りないものを書いたメモを取り出し、買い物を済ませて帰宅。

（よかった、鍵はちゃんと閉まってる。やっぱり大丈夫だった）

パンプスをきれいに玄関の隅に揃え、手を洗い、室内用の服に着替え、ご飯を作り、食べ、お風呂に入り、髪を乾かし、歯を磨きながら、ハガキをポストに投函するのを忘れたことを思い出し、絶望的な気持ちになります。

（ああ、また出し忘れた……明日こそは絶対に出さなければ）

明日着る服をきちんと畳んで並べて明日の準備を済ませ、バッグの上に二度と忘れないようにハガキを置くと「10時だわ！ 寝なきゃ」とあわてて寝る前の白湯を一杯飲み、トイレを済ませ、ベッドに入ります。

（今日もつつがなく一日が終わったわ……でも、私、こうして毎日を過ごして歳を重ねていくのかしら。将来歳をとったら、私、どうなるのかしら……）

寝る前にはふと将来に対する不安がよぎることが多いのですが、黒い雲のようなその不安が、自分の中に広がりそうになるのを打ち消すかのように、リジコちゃんは思います。

（10時過ぎちゃった！寝なきゃ！！！）

今日もまた、「感じない」を選択し、いつもと変わらぬリジコちゃんの一日が終わるのでした。

（後日談）ちなみに翌日もハガキを出し忘れ、数日後、バッグの底でボロボロになったハガキを見つけてパニックになったリジコちゃんはそこに書かれていた幹事のサイ男くんの電話番号にあわてて電話します。「ごめんなさい、もう参加は締め切ってしまった？」「リジコちゃん相変わらず真面目だね〜。まだ誰からも返信ないよ（笑）」

真面目ですべてを完璧にこなそうとしすぎるあまり、一番大事なことを見落としてしまう……本人は気づいていないけれど、まわりはみんなわかっている、リジコちゃんのいつものパターンです。

リジコちゃん

きちんときちんとリジコちゃん
いいわよ ついてきて
リジコちゃん ○○の本って どこか知ってる？
カツカツカツカツカツ
失礼します
コンコンコン
カクンッ
びく
返すときは ここね
あったわ
ありがとう
カクン
カツカツカツカツカツ
じゃあ お先
昨日は ありがとう
本返して おいたよ
そう
カタカタカタカタ
失礼します
カクンッ
カツカツカツカツカツ
少しななめに 置いてるし
ちゃんと返せて ないじゃない…
いろいろ気になる のであった

第3章

「バウンダリー」で
人づき合いを
整理する

✷キャラクトロジーとバウンダリー

第二章で、私たち一人一人がどんなに違うかをみてきましたが、「違う」ということを受け入れるのは、意外と難しいものです。だからこそ、世の中には恋人同士や友だち同士、家族間などありとあらゆる人間関係のトラブルが絶えません。

あなたも、

「なんであの人はあの場面であんな行動を取ったんだろう？」

「なんであの人はあんなふうにしか言えないんだろう？」

「なんであの人は……」

と、思ったことはありませんか？

思ったことがあるとするならば、それは、相互理解にいたっていない、つまりお互いの「違い」を受け入れることができていないからです。そしてその疑問は、あなたの中で解決していないモヤモヤとして残り、理解するまで、ずっと同じようなことが起こり続けます。

それが、ご紹介した各キャラクトロジー別反応の違いを通してみると、ただ「この人は

「紙バウンダリー」のスキ子ちゃん
おでかけしよう…
ズカズカズカズカ
となりの人機嫌悪い？
キキー
ズドーン
ピーポーピーポー
あのー落としましたよ
ぎゃ
このようにいつもスキ子ちゃんはびくびくしています
スキ子ちゃんて繊細だよね
時に「繊細さん」と思われることも

このキャラクトロジーだから私と違う反応をするのだな」ということを、混乱に陥ることなく理解することができると思います。

こうして**「自分」と「他者」とは違うこと、自分と他者との違いを受け入れるために必要なのが、この本のテーマであるバウンダリーです。**

この章でご紹介するバウンダリースキルを使いこなすことで、お互いの違いを認め合い、相手を理解しようとする方向へと関係性を導いていくことができるようになります。もちろん双方がバウンダリーを理解しているのに越したことはありませんが、どちらかがしっかり理解してバウンダリーを引くことができれば、それは二人の関係性を通して相手にも伝わり、結果として二人の関係性だけでなく、相手の成長も助けることとなります。

誰かとの関係性を、足りないところを補い合いながらサポートし合える、完璧ではないけれども、今までとは違う理想的な関係へと築き直していくことができるならば、あなたも使いこなせるようになりたいと思いませんか？

自分と相手が「ただ」違うことを受け入れられずにけんかし、大切な人との関係性に決定的な亀裂が入って離れていくのと、お互い歩み寄り、違いを認め、理解し合いながら一緒に何かを創造していくのとでは、あなたはどちらを望みますか？

弱々しいバウンダリーのラル子ちゃん
リジコちゃんすてき
サイ子ちゃんすてき
ある日のこと
サイ子ちゃんがたいへん
なにこれどうなってんの
イライラ
サイ子ちゃん大丈夫?
んあ!?
あんたに何がわかるのよ
バシーン
きゃ
近づかなきゃいいのに…
どうして私がこんな目に
えーん
うじうじ
また別の日のこと
時間ないのに
あれ?ログインできない
リジコちゃんが困ってる
あせあせ
ハッ
ちょっと黙っててくれる?
コーヒーこぼれるから置かないで
元気出してねコーヒーでも飲んで
なんで私ばっかり
そっち行くからよ…
あぁ…ラル子ちゃん…
えーん

✴バウンダリーとは人間関係のものさし

大切な人との関係性を育てていく中で、何のようすがもなく正解を知ることはとても難しいと思います。なぜなら、人は一人ひとり外見も内面も違うため、たとえばAさんとBさんの関係性の中で生まれる反応は、AさんとCさんの関係性の中で生まれるそれとは違うからです。そんな、おそらく組み合わせのパターンを考えだすと、天文学的な数字になるであろう他者への対応から自分にとって、自分とその人との関係性にとって一番ベターなやり方を見つけたいとき、このあとお伝えする12種類のバウンダリーが独自のものさしとなります。

まずは予備知識として、バウンダリーとはどんなものかをお話していきますね。

「親しき仲にも礼儀あり」ということわざがありますが、親子や兄弟姉妹、夫婦や愛し合う恋人同士であったとしても、踏み込んでこられると、どうしても耐えられないほどイヤな気持ちになるような行動は世の中にたくさんあります。

マゾ美ちゃん

侵入しがちなマゾ美ちゃん
あ!
ねえねえ何話してるの?
おーぃ
昨日の話だよ
ぐいぐい…
そういえばさぁさっき先輩に頼まれちゃってー
ペチャペチャ
これサンプル使って感想ちょうだいね
これで肌ピカピカよ
うふ
ねえねえねえ
あ
今日はお家で一緒にご飯作ろうか
うん
ここのビアホール友達がしてんの行ってあげてー
一杯無料券ね
う…
お酒飲めないのに
うふ
残業頼めるか
あ、部長
はい
しゅるるるる
今日中によろしく
バウンダリーの概念が弱いのであった
え!
3人で今夜しますね

あなたにはこのような経験、ありませんか？

- **親に交友関係を詮索される**
- **親や恋人、パートナーから携帯をのぞき込まれる**
- **勝手に部屋に入られる、また自分のものに勝手に触られる**
- **「あなたのため」と人から主張を押しつけられたり、何かを勧められたりする**
- **「あなたはこういう人」と決めつけられる**
- **自分が「これがいい」と思っていることを陰でけなされる**

これらはすべて、他者からあなたのバウンダリーが「侵害」されている事例です。

また、誰でもインターネット上で自由に意見を発信できる時代だからこそ、目には見えない考え方を盗まれるという事例もあります。

これは私の体験なのですが、ずいぶん前に、ＳＮＳで発信した文章を、そのＳＮＳで親しくなった人にそっくりそのまま盗用されたことがありました。今の私ならばそのバウンダリーの侵害行為に怒りを感じ、「それは私の文章ではないですか？」とはっきりと相手

そんなことしてるからダメなのよカフェ行くわよ
ずかずかと侵入してしまうサイ子ちゃん
え!?
企画書
ラル子また安いイチゴのショート食べてる
私は高級チョコケーキにするわ
これスキなのに…
もぐもぐ
勝手に相席
太るわよ
マゾ美やだ〜ケーキ2個も食べてんの―
はー
はい
カプチーノと期間限定高級チョコケーキカプチーノはミルク多めね
おねえさーん
すみませーん
カプチーノと期間限定高級チョコケーキカプチーノはミルク多めでございます
あらすごいくびれ
いい時計してるわね
バラのマーク
どうも〜
どうよ
やるじゃない
おまたせ致しました
あ!! おーいリジコこっち来なさいよ
一緒にのもー
いいえ、けっこうです
しごとしたいんで
どこまでも上からなサイ子ちゃん…
かわいくない女ね

に伝えます（つまり、バウンダリーを引く）が、その頃の私は、自分の内側に湧いてきた怒りを感じるのが怖くて、何も言うことができませんでした。そしてそれがトラウマとなり、その後、自分で何か文章を書こうとするとその怒りが湧いてくるようになり、それが怖くて長い間自分の思いを文章化することをやめていた時期がありました。

このように、関係性において、片方あるいは双方が、なんらかの形で相手と自分は同等である、一緒である、同一のものであると「誤解」しているとき、その二人のあいだのバウンダリーは同一化したり侵害されたりと不安定なものになります。言い換えれば、相手と自分との違いがわからない、認められないとき、その関係性には誤解や混乱が生じ、バウンダリーが不安定なものとなるのです。

バウンダリーを侵害した、また侵害された経験は誰にでもあります。体験は人それぞれですが、その下にある、「勝手に入られてイヤな気持ちになった」「モヤモヤする」という感覚は、万人に共通のものです。

この**イヤな感覚、モヤモヤとする感覚の取り扱い方が、バウンダリースキルです。**

バウンダリースキルを使って、自分の中に残るこれらの違和感をすっきりさせることができれば、関係性にとって致命的ともいえる大きな衝突を回避することができるのです！

かたく冷たいバウンダリーのリジコちゃん
リジコちゃーん
カバン忘れてきて千円貸してくれない?
カバン忘れるなんて非常識ね
会社にお金を少し置いておくべきよ
う…
まぁいいわ千円貸すから
昼休み終わるから早く受け取って
あ…ありがとう
?
こっちに置かないで公共の場なのよ
ご…ごめん
リジコ今日カフェ行こうよ
歯みがきしながらしゃべりかけないでちるじゃない
ふきふき
ピカピカ
myハンカチ
myふきん
ふきふき
ラル子もカフェ行こうよ
う、うん
お先
ぐずん

そのために必要な4つのステップを、これから順に説明していきますね。

①12種類のバウンダリーを理解する

②12種類のバウンダリーを「セット・バウンダリー」「ドロー・バウンダリー」に分けて理解する

③自分の感じた違和感に責任を持ち、その違和感が過去のどんな体験から呼び覚まされたものであるかをさぐる

④自分の現実と自分の幸せに自己責任をとり、最善の道を選ぶ

4つ目のステップで出てくる**「自己責任」**という言葉が少しわかりにくいかもしれませんので補足しますね。

今、自分の生きている現実を認め、それは自分が作り出したものだという責任を引き受けることです。もっというと、自分の現実や人生を、親など誰か他の人や状況、自分の生まれや社会、政治といった、自分のまわりにある要因のせいにせず、「自分が変えることのできるポイント」を探していくことが、「自己責任をとる」という言葉に私が込めている意味です。

column

境界線人格障害

「境界線人格障害」という言葉を聞いたことがある方もいると思います。

前の章で「多様性」について触れてきましたが、人にはそれぞれ違った個性があります。境界線人格障害と診断される人は、他者にも個性があり、さまざまなシーンにおいてその人その人の領域があるということを尊重できない、つまり、バウンダリー＝境界線を尊重することができず、自分のことだけを優先する傾向が顕著です。さらに、自分の行動や言動を他者がどのように受け止め、どのように感じるかに対する思いやりを持ち合わせていません。

これは、性格の問題というよりも、自分の中に起こっていることが抱えきれず、周囲に巻き散らしてしまうことしかできないバウンダリーの問題であるといえます。

人間とは、社会生活を送る中で、相互理解を深めながら共存繁栄していく生き物であるため、たとえば今説明した境界線人格障害のように、その人自身の領域（バウンダリー）

を越えて振る舞う、また一方的にこちらの領域を侵害されると、どうしていいかがわからず、フリーズしてしまいます。

　こうした局面を打破するために、私たちがどのような方策をとるかというと、自分の過去の体験を参照して最善の策を探そうとするのですが、子どもというのは常に自分の生殺与奪の権を他者（親など）に委ねている状態で、依存的に生きるしか術がありません。

　そのため、大人になってからも、バウンダリーを脅かされる危機状況に陥ると、子どものときと同じそのやり方を、残念ながら最善の方法と判断し、行動してしまうのです。このことが、自分自身の内側にも相手との関係性にも、一層の混乱と誤解を招いてしまうのです。

第4章

セット・バウンダリーと
ドロー・バウンダリー

✴ 12のバウンダリー

バウンダリーと一言でいっても、たくさんの種類がありますので、私はそれを大別して二つのバウンダリーに分けました。それが、自分の心の内側に適用する**「セット・バウンダリー」**と外側の現実世界に適用する**「ドロー・バウンダリー」**です。

心の内側に引く「セット・バウンダリー」はさらに5つのバウンダリーに分けられます。**肉体的バウンダリー**、**感情的バウンダリー**、**精神思考的バウンダリー**、**エネルギー的バウンダリー**、そして**霊的バウンダリー**です。

対して、外側の世界に引く「ドロー・バウンダリー」は7種類。**物理的・性的バウンダリー**、**空間的バウンダリー**、**時間的バウンダリー**、**社会的バウンダリー**、**役割的バウンダリー**、**金銭的バウンダリー**、**環境的バウンダリー**です。

誰かとの関係性において問題が起こったとき、セット・バウンダリーとドロー・バウンダリーのどこに反応しているかを見ていく必要があります。そのやり方を具体的に説明す

セット・バウンダリーの優先順位

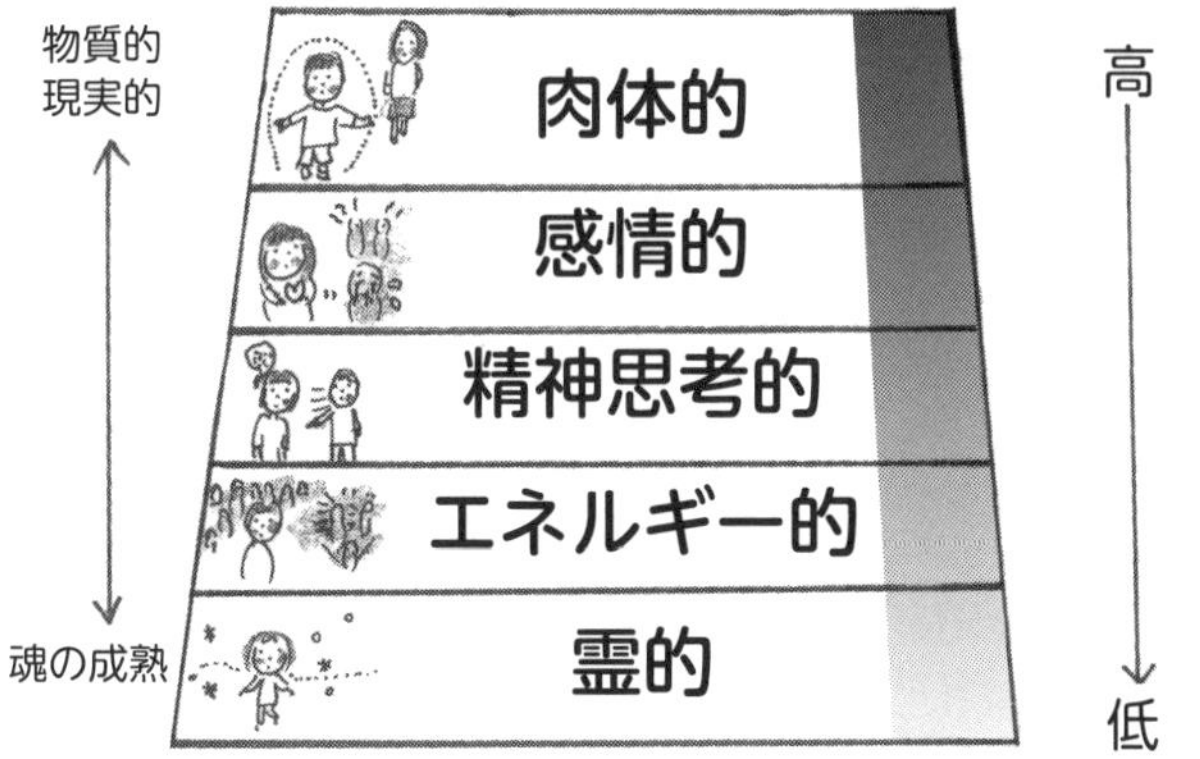

ドロー・バウンダリーの優先順位

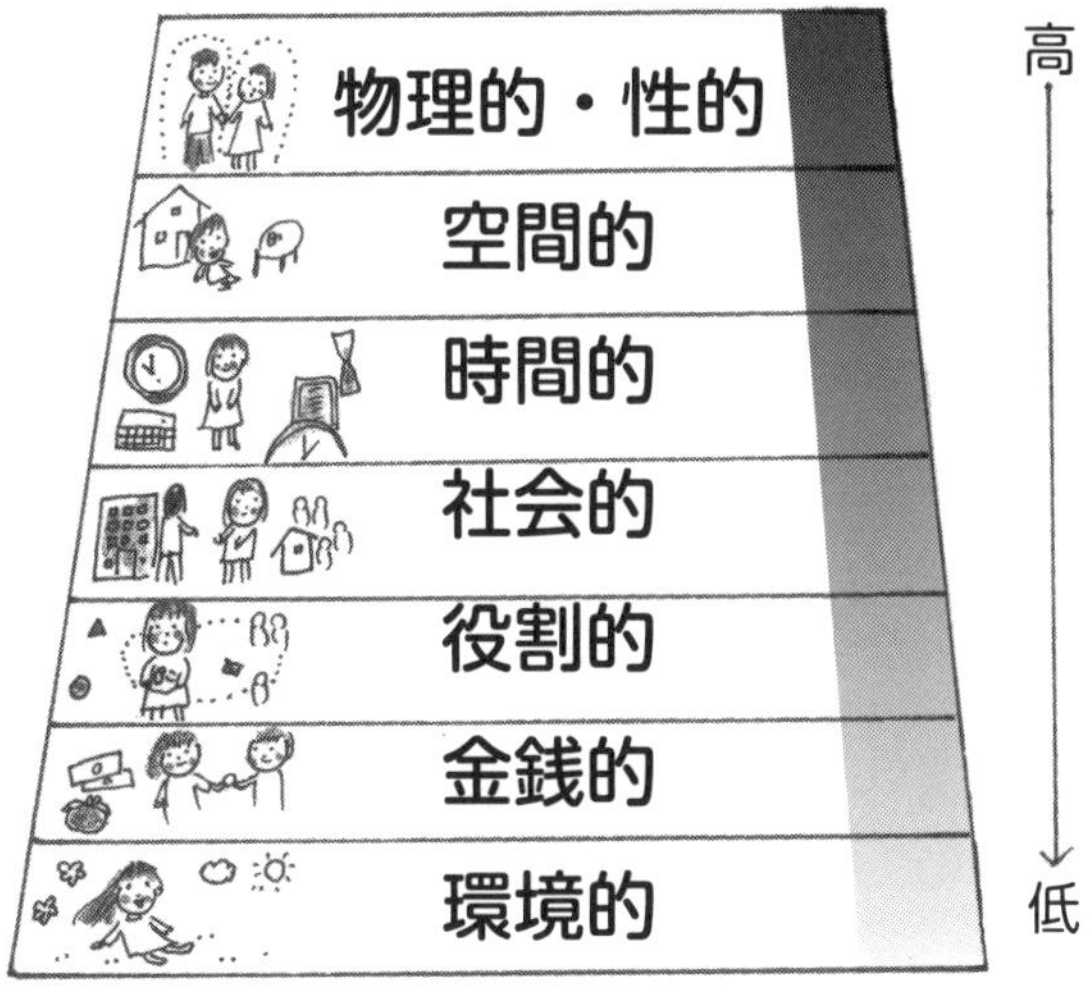

る前に、それぞれのバウンダリーの違いをお話しましょう。

内面のセット・バウンダリー

心の内側に引く、**〈セット・バウンダリー〉**は5種類あります。

関係性において問題が起こったとき、自分自身のどこに反応が出ているかをチェックしてみます。反応は複数のバウンダリーにまたがって出てくることもあります（たとえば、肉体的バウンダリーと感情的バウンダリー、エネルギー的バウンダリーが同時に反応しているなど）。

・**肉体的バウンダリー**……背中が緊張している、息苦しい、体の中が熱い、頭が痛いなどといった身体的な反応

・**感情的バウンダリー**……悲しみ、怒り、不安、悔しさ、屈辱感などといった感情的な反応

・**精神思考的バウンダリー**……「なんで私ばっかりがこうなるの？」「ここから逃げたい」

優先順位の高いドロー・バウンダリーがおびやかされると、
セット・バウンダリーも優先順位の高い領域に影響する。

「私は悪くないのに」「私が悪いからだ」といった思考的な反応

・エネルギー的バウンダリー……メラメラと熱い、白い炎のような感じ、冷たい、ざわざわするなどといったエネルギー的な反応

・霊的バウンダリー……「なぜ、自分の人生の中の今この瞬間に、このできごとが起こっているのか？」という問いに対する答え（霊的バウンダリーが反応するのは、自分の心の癒やしに取り組み続けてきた人であることがほとんどです）

バウンダリーをおびやかされると、誰もが必ず感情的反応を起こします（今お話した感情的バウンダリー、精神思考的バウンダリーが揺さぶられるためです）。そして感情的反応を自分が起こしていることに無自覚なまま相手に対して次のアクションを起こしてしまうため、大事な関係性がおかしくなっていってしまうのです。

１１７ページのイラストをご覧ください。自分の外側の世界（現実世界）で何かしらのできごとが起こると、そのできごとは、私たちの内側のさまざまな領域を刺激します。

外側で起こったできごとが優先順位の高いできごと（１１５ページ下図）であればあるほど、内側も大きく影響され、混乱が生じます。私たちはその混乱を大きな精神的ストレ

スとして体験し、ストレスが強いと、緊急度も高くなります。

たとえば、暴力を受けたり、性的被害にあったりした場合、ドロー・バウンダリーでの優先順位が最も高いため、セット・バウンダリーにおいても、優先順位の高いバウンダリーがおびやかされ、肉体的バウンダリーの反応が起きます。

金銭的なバウンダリーがおびやかされた場合は、実はドロー・バウンダリーの優先順位が低いのです。したがって、緊急性の高い肉体的バウンダリーにまで影響を及ぼすことはありません。

まずは自分が感情的反応を起こしていることに気づき、〈セット・バウンダリー〉を心の内側に引くことがここでは重要です。すると、感情的反応の状態から無自覚に次のアクションを起こすのではなく、別の選択肢が生まれてきます。

✴外側のドロー・バウンダリー

外側の世界に引く、**〈ドロー・バウンダリー〉**は7種類。外側に起こってきたできごとによって自分の内側がどんな影響を受けているか、そこを観察します。

それぞれのバウンダリーがどんなふうに違うのかを理解するには、どんなときにどのバウンダリーが侵害されているか、という例で理解するのが一番わかりやすいと思います。こちらもまた、一つのことがらについて二つ以上のバウンダリーが関わっていることもあります。

・物理的・性的バウンダリー……たとえば道を歩いていて急に誰かに服をつかまれたら、あなたはどんなふうに感じますか？　きっと、不安や恐怖を感じることと思います。それは、物理的に自分の着ている服をつかまれるという行為によって、あなたの物理的バウンダリーが侵害されているからです。また、そこに性的な匂いが含まれる場合には、性的バウンダリーの侵害にも関わってきます。

物理的バウンダリーとは何かがわかる、もう一つ別の例を挙げてみますね。

物理的・性的バウンダリー　リジコちゃん

物理的・性的バウンダリーは
リジコちゃん ちょっとー
はい
キャッ
うふっ
お茶
はい
「男性」「女性」に対する考え方のところで
来客室片づけておいてリジコちゃん
はい
「肉体」に近いので優先順位の高いところです
なんだ?
部長報告があるんです〜
結局いつも私だな…
おおそうか おめでとう
うふ
実はサイ男さんと結婚することになって会社辞めたいんです
リジコちゃん先越されたな早く結婚して子ども産めよ
ガハハハ…
あとサイ原ちゃんみたいにヒラヒラの服着てこいよ そのほうがかわいいぞ
それセクハラですよね
えー
やめて下さい
こういうのってあたりまえに不快に思うのよね
我慢すると、とてももやもやします
ベリッ…
私は私なのに
ポイッ
誰にも私の人生を型どられたくないなんて思ったリジコちゃんなのでした

あなたの家の敷地内に誰かが無断で入ってきた場合、あなたはどう感じますか？　不安や恐怖、もしかしたら怒りを感じるかもしれません。これもあなたが所有権を持つものに他者が無断で侵入する、または触れることによる、物理的バウンダリーの侵害とそれが内面に与える影響の一例です。

・**空間的バウンダリー**……家で家族と一緒にいるときに、自分が好まないテレビの音がのべつまくなしに耳に入ってきたら、どんなふうに感じますか？　静かに本を読んだり、勉強したりしたいのに、同じ空間の中で誰かがけんかを始めたら、あなたはどうしますか？　このように、そのとき自分が所属している空間がざわついたり、不穏な空気になると、怖くなったり、気持ちが不安定になったりするのではないでしょうか。あなたの空間のバウンダリーが、外側で起きているできごとによって揺らされ、それによって内側が反応しているのです。

・**時間的バウンダリー**……時間的バウンダリーの侵害は、自分のタイミングをずらされたり、または時間を奪われた状態を指します。バウンダリーを「時間」という領域で揺さぶられると、内面には怒りや不満が湧いてきます。

私の例をお話ししますね。私は毎朝、自分で豆を挽き、コーヒーを淹れるのが日課なの

空間的バウンダリー　サイ子ちゃん

空間的バウンダリーとは
ゲ
ただいま～
ぐちゃ～
自分にとっての心地いいスペースや場所で
おかえり～
あれテーブルの上のお菓子は？
え～もう残ってないしぐちゃぐちゃでアリがきてたよ…
さっき捨てたわよ
侵されるととても窮屈です
ふ～ん
食べるところでネイルするの嫌だな
なんでマゾ男はリビング汚すのかしら
服もぬぎっぱなしだし…
あるときお片づけ中のサイ子ちゃん
ん－これは置いとこうかしら
この洋服ミスコンで優勝したときのだわ
いる
いらない
ねえねえ
その本捨てるの？
その小物も使えるよ～
…
いる
いらない
も－片づけてよリビング
う～ん
2人の思い出なのに…
お互いのことが大好きで仲良く暮らしたい
…だけど
話し合おうか
もうやだ…話し合おうよ
そこでお互いの最善を追求する2人なのでした
すきにする
マゾ男スペース
サイ子スペース
そのつど2人で話しあう
共有スペース汚さない
ベランダ
うんうん
これならいいわね

ですが、コーヒーを落とすタイミングやお湯の入れ方などその過程のすべてが、最高のものを作ろうという、私にとってはある種、神聖な儀式なのです。ところがその神聖な時間に、ときどき夫がキッチンに入ってきては「あれはどこにあるのか」だの「その引き出しからあれを取ってくれ」だのと言い、そのたびに私の時間のバウンダリーが揺らされます。

このように、自分のタイミングや時間配分を他の人の都合によって動かされるとき、時間的バウンダリーが侵害されています。

・**社会的バウンダリー**……コミュニティや社会の中での立ち位置に関係するバウンダリーです。私たちは、社会生活を送るうえで、誰もがある程度他の人たちと協調していかなければなりません。それは、仲間外れにされないようにといった理由ではなく、もっと根本的な、「種」が繁栄していくための方策です。

協調性のない民族や利己主義的精神の強いコミュニティは、いずれ崩壊します。一方で、協調性があり、利他の精神が育っている民族やコミュニティは、必ず繁栄します。

たとえば会社員であれば、会社の言うことにある程度は従わなければなりません。またある国の国民である以上、国が決めたルールや一般常識とされているルールにもある

時間的バウンダリー　マゾ美ちゃん

程度は従わなければなりません。どんな組織、どんなコミュニティであれ、秩序を保つためにそれなりのルールが存在しているからです。

この部分が脅かされた、または脅かされそうであると感じると、生活していくこと、もっと言えば生き延びることに対する不安が内側に生まれてきます。

・役割的バウンダリー……私たちは誰もが、社会生活を送るうえで、複数の役割を担いながら共同生活を送っています。たとえば私は、母であり、妻であり、娘であり、社長です。このように「母親である」「父親である」「教師である」「社長である」「従業員である」といった役割が侵害されたり、またこの役割を放棄したりする人が現れると、その役割が属する組織の結束は乱れ、問題が起こってきます。

役割といって思い出すのは、子どもを産んだあと、突然に「美穂子さん」ではなく「○○ちゃんのママ」と呼ばれるようになったときのことです。もちろん「○○ちゃんのママ」という役割は「母親」という大事な役割ではありますが、「私」という個人が消えてしまったような気がして、とても居心地が悪かったのを覚えています。

・金銭的バウンダリー……特に仕事において、金銭的バウンダリーを引くことでスッキリすることは多いものです。たとえば「この仕事はあまり気が進まないな」と思っても、

社会的バウンダリー　ラル子ちゃん

そこに対価が発生するという観点に立つと、仕事としてきちんと取り組むことができます。逆にお金を支払う側になると、対価を支払うことでそれに見合うサービスや敬意を手にすることができます。

個人事業主の方からよく聞くのが、「お友だち価格」や割引を要求されるというトラブルです。経験値として自分が納得できる場合を除き、いくらお友だちや家族であっても、自身のために、金銭的バウンダリーはしっかり引くことをお勧めします。

・**環境的バウンダリー**……自分の今いる場所が環境的に心地よいかどうかで判断できます。

たとえば光化学スモッグ注意報が出るような地域に住んでいたり、高速道路等が近くにあって排気ガスや騒音が酷い、川が汚染されて臭いがある、といった場合が環境的バウンダリーの侵害にあたります。

ドロー・バウンダリーの7つの種類を挙げましたが、これは、より緊急性が高い、つまり先に対処するべき優先順位の高いほうから順に並んでいます。

一番緊急性が高いのは物理的・性的バウンダリーが脅かされているときです。たとえば見知らぬ人に夜道でいきなり腕をつかまれたとき（物理的バウンダリー）と、自分の苦手

役割的バウンダリー　スキ子ちゃん

な香水の匂いをぷんぷんさせている人と夜道ですれ違った（環境的バウンダリー）では、明らかに前者のほうが、すぐに何かしらの手立てを講じるか、サポートを求めなければなりませんよね。緊急性＝優先順位が高いものほど、バウンダリーが侵害された際の内側の反応が画一的（不安、恐怖など）で、対処が限られてきます。いっぽう、緊急性＝優先順位が低ければ低いほど、内側の感覚が多様化し、反応が多岐にわたるようになるため、その侵害に対してどうすればいいのかを、じっくりと考えたうえで対処することが可能となります。

問題はバウンダリーの優先順位で考える

一つのできごとについて、複数のバウンダリーが関わってくることはとてもよくあります。たとえば会社でセクハラを受けているのに、生活がかかっているのでいやと言えないといった場合には、ケースバイケースではありますが、物理的・性的バウンダリー、社会的バウンダリー、そして金銭的バウンダリーが絡んでいます。

金銭的バウンダリー　ラル子ちゃん

姪っ子の結婚式があるからいつもよりネイル豪華にしてビーズも多めでよろしく〜
金銭的バウンダリーが乱れると
かしこまりました
まぁきれい すてき ありがとう〜
うっとり
自分の価値を認識できず
よかった…
また指名するわね
「受け取れない」ということが起こります
いつもより多めに払うわね
とんでもないいつもどおりで大丈夫です
私も金欠だけど…
うん、いいよ
そして
おなかすいた
ラル美ちゃん今日のデートお金ないんだ…貸してくれる?
確か前回も言ってなかったっけ…
こんなーことも起こってきます
このままでいいのかな
助かった〜ライブ前で金欠で〜
スキ蔵くんがうれしいと私もうれしいけど…だけど次からはちゃんとしようよ…
でも本当はどう感じてる?
そうだよね…
これからはお互いに自分の分は自分でしよう
自分の本当にしたいことのために働いて
わかってはいたんだ…
ごめんね
言ってくれてありがとう
私ネイルサロンの開業決めたんだ!!
豊かな世界を広げてください
そして次のデート
お〜
あ先月借りてた分も返すね

このように、一つのできごとについていくつかのバウンダリーが侵害されているときには、先ほど触れたように、**ドロー・バウンダリーの優先順位**に従って対処してください。そして、それぞれのバウンダリーについて、内側で起きる反応が違うことにも注意してください（セット・バウンダリー）。

このセクハラ問題を例にとってみましょう。

「いやだけど、生活がかかっているからいやだと言えない」というのは、金銭的バウンダリーに対応して、内側では精神思考的バウンダリーが揺さぶられている状態です。

「いやだといったら、会社を辞めさせられてしまうかもしれない」というのは、子どもの頃の体験（たとえば親の言うことを聞かなかったら家を追い出された体験など）に引っ張られて社会的または役割的バウンダリーが反応し、それによって内側で感情的バウンダリーが揺さぶられている状態。

そしてセクハラは何よりもここに性的バウンダリーの侵害があるわけですが、それに加えて、子どもの頃に虐待された体験があれば、物理的バウンダリーの侵害と、それによって内側では、肉体的バウンダリーが揺さぶられている状態が起こっています。

ここまで整理できたら、物理的・性的バウンダリー、社会的バウンダリー、金銭的バウ

環境的バウンダリー　リジコちゃん

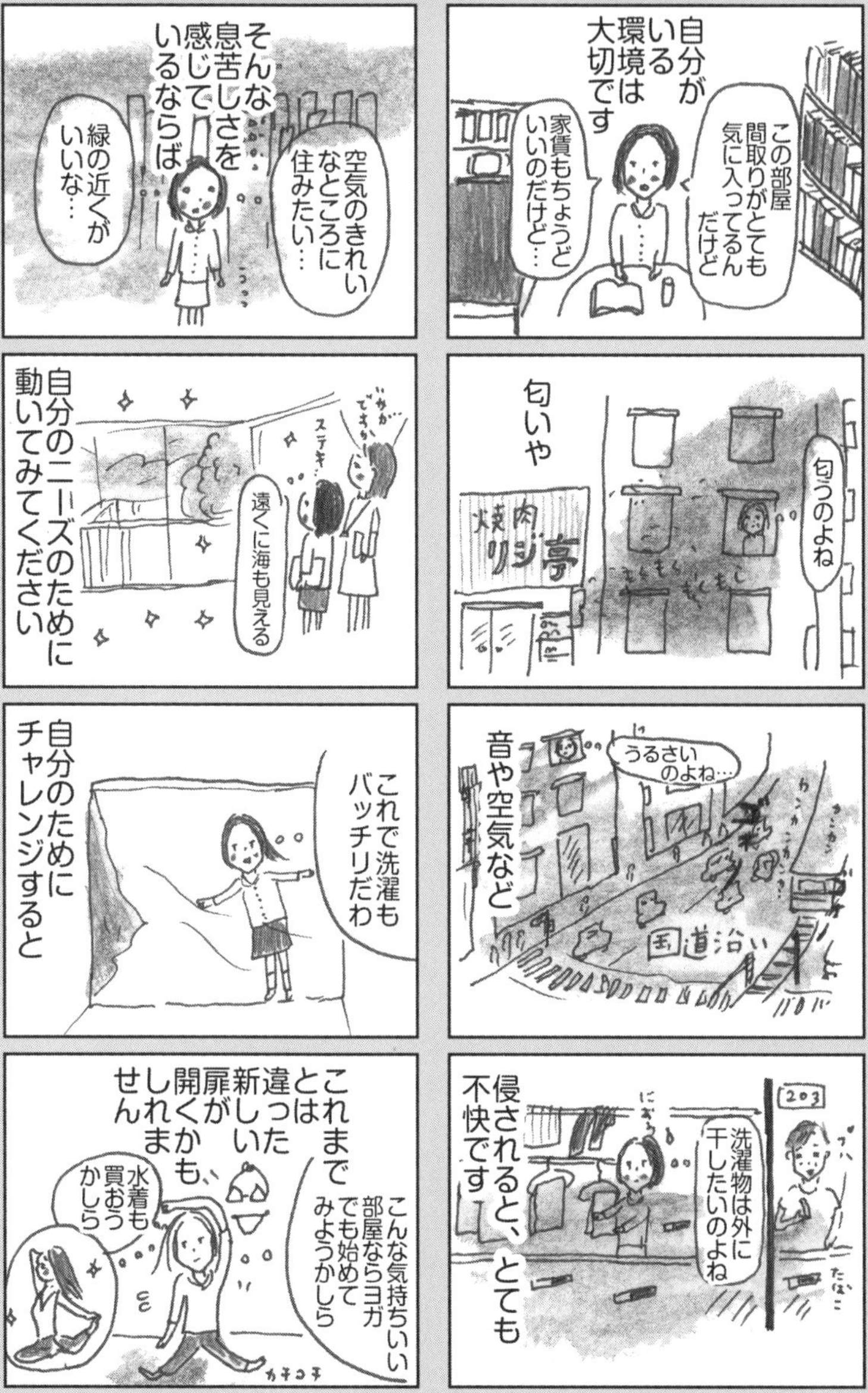

ンダリーと、ドロー・バウンダリーの優先順位にしたがって対応していきます。それぞれの内側の反応を感じながら、「これは子どものときの体験からの反応である」ということを理解し、そう反応している自分をただ受け入れていきます。こうして、**外側で起こっている問題と、自分の内側で起こっている状態とを分ける**のです。すると、過去に引っ張られるのではなく、今の現実の中で、バウンダリーを侵害してきている相手に対して、大人としてどう対処すべきか、どんな対応ができるかを考えることができるようになります。

バウンダリーで問題を解決する

もう少し詳しく、実際の手順についてお話ししますね。

1. セット・バウンダリーとドロー・バウンダリーを分ける

〈外側に起こっているできごと〉と、〈自分の内側に起こってくる気分や感情、思考、体の反応〉はまったく関係のない別のものだということをまずは理解します。

そのうえで、外側の世界でどんなことが起こると、自分の内側のどの部分に触れるのか？　どの部分が反応しているのか？　を観察します。

ここでセットとドローを分けることができないと、混乱した状態で外側のできごとに対応することになるので、どんな行動をとったとしてもあまりいい結果にはなりません。

2. 似た感覚を探す

〈外側に起こっているできごと〉に対して、自分の内側の5つのバウンダリーの中でどこが一番強く反応を起こしているかをさぐります。それがピックアップできたら、その感覚と似た感覚がこれまでになかったか、子どもの頃の記憶を思い出してみてください。

その体験が見つかったら、「過去にこの体験があったから、私は今こんな反応を起こしているのだ」ということを理解し、反応している自分を許します。今、目の前に起こっていることに反応しているのではなく、目の前で起こっていることから過去のできごとが連想されたに過ぎないということを、きっちりとここで理解します。

そして、今、反応している自分に気づいている状態で、次に進みます。

3. ドロー・バウンダリーのどの領域が刺激されて内側のセット・バウンダリーが反応し

たのかを考える

優先順位の高いものから、ドロー・バウンダリーとセット・バウンダリーのペアを作っていきます。数が多ければ多いほど混乱しやすくもなりますが、ペアを作ったら、落ち着いて、「では、**今、大人の自分としてどうそこに対応できるか**」を考え、行動します。すると目の前の問題だと思っていたことは、スムーズに収束に向かいます。

このとき注意しなければいけないのは、優先順位が低いところから手をつけてしまうことです。すると現実がさらに混乱してしまいます。うまくいかない現実が作り出されてしまうのは、ここで優先順位を間違えているからといっても過言ではありません！

優先順位を守るということを最優先で覚えていてくださいね。

そしてもう一つ。外側の現実世界で起こってくるできごとによって、あなたの内側に起きてくる反応は、あなたの問題です。相手は関係ありません。相手があなたにその反応を起こさせたわけではなく、そのできごとに触発され、あなたが過去の体験からその状態に陥っているだけなのです。そう、**「自己責任」**です。ここもしっかりと覚えていてくださいね。

column

バウンダリーの問題解決例

実際に私の読者の方やクライアントさん、生徒さんから寄せられた悩みの構造を、バウンダリーの公式を使って紐解いてみたいと思います。

ケース1　職場の先輩から受ける言動に萎縮してしまう（Aさん・派遣社員）

派遣社員として働いていますが、同じ派遣社員の中でも私より職歴が長くて仕事ができる人に強い口調で注意されたり、イラッとした態度を取られると、ものすごく萎縮してしまいます。そして、「〇〇さんはどう思っているだろうか」「また何か言われるのではないだろうか」と思えば思うほど、普通だったらしないようなミスをその人の目の前でしてしまい、一層いら立たせてしまいます。

このケースをバウンダリーの公式で紐解いてみましょう。

本来、社会的な場である職場での問題には、社会的バウンダリーと役割的バウンダリーが関わってきます。同じ派遣社員同志平等で、同等の権利と立場を持っているにもかかわらず、相手が「先輩」であり、自分より「仕事」ができると認識した時点で、Aさんは自分からその人の下に入ってしまっています。

おそらくAさんには子どもの頃、親の言うことを聞かなければいけないと、いつもびくびくしていた子どもの頃の体験があり、その状態に入ってしまっているのだと思います。社会人として仕事をするべき場所で、プライベートな自分の過去のできごとに引きずられてしまっているわけです。このことが、その人の前では、やらなければならない現実の仕事にフラットな気持ちで向かうことができず、自分の全力を発揮できないという現象を招いてしまっています。

では、Aさんはどうすればいいのでしょうか。

今、自分は過去の体験に引っ張られているだけであることに気づき、そんな反応に陥っている自分を認めます。そして、大人として、「私はこの人と同等の権利を持っているし、同等の立場で仕事をするべきだ」という立ち位置に立つのです。

すぐには気持ちの切り替えが難しいかもしれません。けれども、何度もその位置に自分を立て直すチャレンジを続けると、いつの間にか同等な立ち位置で相手に向かい合っている自分に必ず気づきます。

ケース2　職場の同僚と仕事のペースが違う（Bさん・介護士）

なぜか私にとてもきつく当たってくる同僚がいます。私のやり方が気に入らないのか、できていないところを重箱の隅をつつくように指摘してきます。彼女は私からみても仕事のできる人で、なんでも素早くこなす人なので、どちらかというとゆっくりペースの私が自分のペースでやろうとすると、その矢先にあれこれ指摘され、へこんでしまうことばかりです。

また彼女は私と同じパートでもありますが、上司にも反抗的です。でも、介護士の人数不足もあり、誰も彼女を止められず、また辞めさせることもできません。

このケースも、職場での問題ですので、社会的バウンダリーと役割的バウンダリーが関わってきます。またそれに加えて、相手のほうが仕事が早く、Bさんはゆっくりペースであるということから、時間的バウンダリーも関わっていると思われます。この3つのバウンダリーの中でもっとも優先順位の高いのは時間的バウンダリーですので、まずはここから見ていきましょう。

Bさんは何かをするときに人よりも時間がかかるということですが、おそらくBさんの反応の下には、これにまつわる子どもの頃の体験があるはずです。たとえば着替えのとき、食事のときなど、上手に素早くいろいろなことができず、親に怒られたり、あるいは家族がイライラしているのを感じたりといった体験はなかったでしょうか。そのようなシーンを体験するたびに、子ども時代のBさんは「早くできない私はダメなんだ」という気持ちに落ち込んでいったのではないかと推測します。

Bさんと同僚の方の問題について、では大人のBさんがどう対応していけばよいのでしょうか。

バウンダリーでは、「自分と相手は違う個性を持った、別々の存在である」という多様性を大事にしていますので、「早くできない私はダメなんだ」という子どもの頃の落ち込んだ気持ちに同化するのではなく、まずは「仕事は早ければいいというものではない」「私のゆっくりペースに合うペースの人もいる」という意識を持ち、相手から自分を**「個別化」**してみてください。それができると、「私は私でいい」と思えるようになっていき、この同僚との不毛な関係性に気持ちを引っ張られ続けることはなくなるでしょう。

ケース3　夫の家事の手伝いにカチンとくる（Cさん・主婦）

私がキッチンで料理をしていると、「おーい、○○」と夫が私を呼びました。「何？」と答えると、また「おーい、○○」というので、しかたなくそのときやっていたことをいったんやめて、夫の声がするほうに行くと、「お風呂を入れておいたよ」といったのです。ものすごくカチンときたのですが、ここで文句を言うとけんかになる……と思い、グッとこらえてキッチンに戻りました。私はどう対応するのが一番よかったのでしょうか？　今でもわかりません。

これは、身に覚えがあるという方も多いのではないでしょうか？

ご主人は、あなたのために温かいお風呂を準備してあげたことで、「こんなにも君を大事に思っている」と表現したかったのでしょう。けれども、Cさんは「主婦」「母」あるいは「妻」という役割で料理をし、さらにCさんの時間を侵害されたことで怒りを感じました。

Cさんは私の生徒さんなので、バウンダリーのことをある程度理解していたのが幸いして大ごとにならずに済みましたが、これがバウンダリーの侵害であることを双方ともに知らなかったら、「いちいちそんなことで呼ばないでよ！」と妻は夫にキレ、妻への愛情表現のつもりだった夫は、思いがけず飛んできた冷たい言葉に傷つき、悲しみと同時に怒りを覚え、関係性が険悪になる可能性は高いでしょう。

Cさんが家族のために料理をするのは、家族を愛しているからです。ご主人がCさんのためにお風呂の準備をしたのも、Cさんを愛しているからです。このように、根本には愛があるにもかかわらず、バウンダリーの侵害についての知識がないと、お互いの気持ちがすれ違っていってしまうのです。

「どうして私、あのとき、あんなひどいことを言ってしまったんだろう？」と、のちのちまで繰り返し後悔するような言動を思わずとってしまったときというのは、ほとんどそこにバウンダリーの侵害が起こっていたとみていいでしょう。でも、バウンダリーの概念を知っていれば、そこで関係性にヒビの入る決定打となるようなひどい言葉を投げつけずに済むのです。

第5章

カウンセリングで見る5タイプの特徴

✴カウンセラー・美穂子先生との出会い

さて、第二章で、キャラクトロジーの5つの性格を擬人化したOL5人組、スキゾイドのスキ子ちゃん、オーラルのラル子ちゃん、マゾキストのマゾ美ちゃん、サイコパスのサイ子ちゃん、リジットのリジコちゃん、それぞれの1日を体験していただきましたが、同じタイミングで同窓会の案内ハガキが来ていたのを覚えていらっしゃいますか？　実は5人は、高校のとき同じクラスにいた同級生なのです。

ここでは少し時間を進めて、同窓会後の帰り道での5人のおしゃべりをのぞいてみましょう。

マゾ美「あー、楽しかったね！　みんな変わっててびっくり♪」

サイ子「そう？　全然変わってなかったわよ。だいたい高校を卒業してまだ10年も経ってないんだし」

（マゾ美のイライラスタンプカードにまた一つスタンプが押される）

ラル子「サッカー部のサイ介くん、相変わらずかっこよかった〜♡　私の名前覚えててくれて、声かけてくれたの。なのに私、ドキドキしてちゃんと話せなかった……私ってやっぱダメダメ……」

サイ子「ラル子、サイ介のこと好きだったよね。私ちょっとつき合ってたよ」

ラル子「サイ子ちゃん、かっこいい男子とたいていつき合ってたよね。いいなー。私なんかクラスの二軍だし、目立たないし、誰も私のことなんか（以下略）」

スキ子「……（ぼーっとしている）」

リジコ「もう21時過ぎてるわ。そろそろ解散しましょう。明日も仕事だし」

マゾ美「そういえば、うちの会社、産業カウンセラーが入ったじゃない？　カウンセリングを受けるように言われなかった？」

ラル子「うん、課長が言ってたね……でも、何を話せばいいんだろう……」

マゾ美「私、特に悩みなんてないのにな。カウンセラーって何をしてくれるんだろうね？」

リジコ「まず予約しないといけなかった気がするわ。」

サイ子「どうせそんなに忙しくしてるわけじゃないだろうし、飛び込みでも大丈夫じゃない？　ま、私は課長に言われたあと、すぐに予約入れたけど」

スキ子「……私、彼とのこと相談してみようかな」

サイ子「恋愛相談なら私がいつでも乗ってあげるわよ（笑）何を悩んでるの？」

スキ子「えっと、セックスのときにね」

一瞬、場が凍りつく

リジコ「……私、本当にそろそろ帰らないと。先に帰るわ。また明日ね。ごきげんよう」

リジコちゃんはひきつった笑顔でそう言うと、小走りに駅に向かってしまいました。

マゾ美「スキ子ちゃんっていつもいろいろが急すぎて笑える～。私もアプリで知り合った彼とのことでもカウンセラーに相談してみようかな（笑）」

ラル子「……ス、スキ子ちゃん、セ、セックスのときに……の続きは何なの……？」

意外にもラル子ちゃんは興味しんしんです。

サイ子「リジコは帰っちゃったけど、あの子堅物だからこんな話題のときはいないほうがいいわ。よし！これから4人で二次会よ。女子トークしましょ。マゾ美、近場でいい店ない？どこか入れそうなところ探して」

マゾ美「……ちょっと待って、探してみるね（ちょっぴりイラッとしながらも、女子トークはしたいのでスマートフォンで検索を始める）」

✷カウンセリング1　スキ子の巻

「(ここで合ってるかな……)」

社内の面談室のドアがそ〜っと開き、スキ子ちゃんがそ〜っと顔をのぞかせました。

「こんにちは、どうぞ」

面談室の中から柔らかな声が聞こえました。カウンセラー・美穂子先生です。

「予約はされていないようだけれど、今ちょうど空いているので大丈夫ですよ」

美穂子先生がニッコリ笑いながら手元の書類を見ています。

「(予約……しないといけなかったんだ)」

「今日はどういったご相談ですか?」

「えっとー、えっとー……えっと、彼が、セックスのときにですね」

唐突すぎて少しびっくりする美穂子先生ですが、そこはプロ。優しい笑顔をたたえながらスキ子ちゃんと向かい合いました。

「恋人との関係性についてのご相談、ですね」

「彼といると楽しいし～、近くにいて触れられるとあったかくてほっとするんですけど、セックスしたがるんです。つき合ってるんだからいいやって思ってするんですけど、なんか『もっと感じてほしい』とかいつも言ってきて……どうしたらいいかわからないんです」

POINT

スキゾイドさんは、お母さんのお腹の中で、また生まれた直後に「世界は安全ではない」と感じてしまう体験をしているので、抱っこされたり、触れられたりするなど、温もりを感じると、ほっと安心するという性質を持っています。そのため、性的欲求はなくとも、温もりと安心感を感じられるので、異性と性的に触れ合うことに抵抗はありません。ただ、「今、ここに生きている」という実感がなく、また自分の体がここにあるという体感覚もないため、自分が肉体的に快・不快を感じているかどうかがわからないのがスキゾイドさんの特徴です。温もりと安心感は感じるけれども、誰かが自分の体を触っているという認識があるだけで、肉体的に「気持ちいい」と感じることはありません。さらに、性行為＝体に触れられる、体に異物が入ってくる、つまりバウンダリーを越えて他者が自分のパーソナルスペースに侵入してくることへの自覚や警戒心がまるでないのもスキゾイドさんの特徴です。

セットバウンダリー＜肉体＞　スキ子ちゃん

すみません モニター募集 しているの ですが
はい プレゼント
・・・
ん!?
すぐだから ねっ お姉さん!!
あ、これから 仕事なので
ぐいぐい
すぐつってんだろ だったらさっさと どっか行けよ!!
ごめんなさい 急いでいるので
なんだよてめえ!!!
こんな ふうに バウンダリーを 侵されて 反応して しまった ときは
ビー
早く仕事 行かないと…
ドキドキ
がくがく
落ち着いて、まず深呼吸をして
ファイッ!!
意識を 自分の体に 向けてください
呼吸は 続けてね
スーハー
首が固まる
息苦しい
ドキドキと 動悸がする
内側の 世界で いろいろ 起こって いても
感じ切ってね
目の前の現実とは 関係がないのだと 理解して落ち着くまで 反応を感じてください
スーハー
体の 反応が
落ち ついたら
自分の ために 動いて くださ ねい
そうそう
仕事行こうっと
あー いやな感じ の人だった

どこかおどおどしたしゃべり方や所在なげなスキ子ちゃんのたたずまい、そして異性から肉体的に触れられることにはまるで抵抗がないという話の内容から、一番強いキャラクターがスキゾイドであると判断した美穂子先生。

「人から体に触れられることに抵抗はないんですね。子どものとき、人から触れられる体験って、あなたにとってどんな感じだったか覚えていますか?」

「子どものとき……家の中っていつも怖くて、お父さんやお母さんに抱っこされるとか、なでてもらうとか、そういう体験ってあまりなかったです。だから、人の温もりを感じると、ちょっとほっとするっていうか」

「では、子どものときには、人に触れられる体験はあまりなかったということですね」

「あー……でも、触れられるっていうか……痴漢? いたずら……っていうのかな、なんか触られて」

「それは、いくつくらいのときですか?」

「んー……小学生のときくらい? ……最初はその人が何をしてるのかわからなくて。何でこんなことするんだろうって思ったっていうか……まだ小学生だったし、全然そういう知識もなくて……」

「そのことを、これまでに誰かに話したことはありますか？」

「いや、ないですね〜……今まで忘れてました。なんで今、思い出したんだろ？」

美穂子先生の柔らかな声が話を続けます。

「……同じ経験のあるほとんどの方が、『痴漢に遭った』という事実を、軽く受け止めてしまっています」

「……」

「でも、女性にとって、体に触れられること、プライベートな空間に入ってこられるということは、本当はすごく恐怖を伴うものなのです。でも、あまりの怖さに、その瞬間その恐怖を感じることができずに、『こんなこと、大したことではない』と言い聞かせてしまうのです」

スキ子ちゃんは、黙って美穂子先生の話を聞いています。

「この怖さは、肉体的なバウンダリーを侵害される怖さです。これは人間なら誰もが持つ本能的な恐怖――自分の生存を脅かされることへの恐怖とダイレクトに結びついています。

幼い頃にこの体験をした場合、子どもは、自分の身に何が起こっているのかを理解できませんし、それを誰かに伝えるための表現力も、残念ですが持っていません。そのためこの体験は心の中で傷となり、いつまでも残ってしまうのです。だから……スキ子さんが今、このことを思い出せたことは、本当によかったと思います」

「……」

「そのとき、何をされているのか理解はできなかったものの、肉体を感じないよう意識が頭の上のほうに上がって、そのまま『今、ここ』にいない状態……体を感じず、魂が抜けた状態になっていたと思います」

「……」

「本当は、怖かったですよね」

「……怖い？……怖いって、何ですか？」

「今、体を感じてみて。ここに体があると感じることができますか？」

「んー、わかりません。何も感じない？っていうか……」

「まったく自分の体を感じることができていないんですね」

「体を？ 感じる？……って、どういうことですか？」

「自分の体を、実体のある『体』として受容していくのが、最初の一歩です。ゆっくり呼吸をして、息を胸の中に入れてみて」

美穂子先生の言うとおりにゆっくり息を吸い込み、胸の中に入れたスキ子ちゃん。自分でも訳がわからないまま、突然泣き出してしまいました。

「ゆっくり呼吸をして。大丈夫だから。私はここにいますよ」

泣きじゃくるスキ子ちゃんの背中に美穂子先生の手が優しく触れ、そっとなでています。

「そのときのその体験が体に癖づいてしまっていて、彼に触れられるときも、そのときと同じく意識が頭に上がって、『何でこんなことをするんだろう？　この人は何をしているんだろう？』とぐるぐる考え、肉体的にどう感じているかに、まったく意識が向かなかったんですね。

今はどうですか？　背中に私が触れていますが、怖いですか？」

「……いえ、怖くないです。むしろほっとします」

美穂子先生が優しく微笑み、続けます。

「よかった。今、この状態を感じてみてください。体の中に自分が存在していて、誰かの手が触れていて、でも、怖くない。この地に足がついたように安定している、グラウンディングした状態を感じてみて」

あとからあとからあふれ出ていた涙がだんだん止まり、ギュッと縮こまっていた肩がゆるみ、呼吸がしやすくなったスキ子ちゃん。

「……！　なんか、目がはっきり見えるようになったような気がする。私、今まで、外の世界をちゃんと見ていなかったってことかなあ」

美穂子先生が静かに答えます。

「そうかもしれませんね。子どもの頃の怖い体験のあとから、まわりを見ることをしなくなっていたのかもしれません」

「……ありがとうございました。何だか世界に色がついたみたいで、楽しい。次に彼に会ったらどんな感じか、今みたいにグラウンディングして感じてみます。

美穂子先生、ありがとうございました」

目を好奇心でキラキラさせながら、スキ子ちゃんは仕事に戻りました。


スキゾイドが持ちがちなバウンダリーの誤解：肉体的バウンダリーの誤解

肉体的にバウンダリーを越えられることに対する自覚や危機感、警戒心がまるでないため、パーソナルスペースに容易に入り込まれてしまうことが多い。

エッセンス　スキ子ちゃん

✷カウンセリング2　ラル子の巻

（言っていいのかなあ……こんなこと話しても大丈夫かなあ……一緒にお仕事している人のことなのに、話しちゃって、あとで何かおかしくならないかなあ……）

面談室前の廊下をラル子ちゃんが下を向いてうろうろしています。

（でも、こんなところをサイ子ちゃんに見られたら、きっとあとで何を相談したかって聞かれちゃうかも……そしたら何て言えばいいんだろう……）

ほとんど泣きそうな状態で、ラル子ちゃんは面談室のドアを力なくノックしました。

「どうぞ〜」

中からあたたかい声が聞こえてきました。

背中を丸めてドアを開けると、ニッコリ笑った美穂子先生の笑顔が見えます。何だか受け入れてもらえた気がして、ラル子ちゃんのクヨクヨしていた気持ちが少しだけ晴れました。

「ご予約いただいていたラル子さんですね。今日はどうなさいましたか？」

しばらく話し出せずにもじもじしていたラル子ちゃんですが、意を決して話し始めます。

「あのー、同僚の子で、一緒にいると、いつも何も言えなくなってしまうというか、私が『どうしようかな』とか『こうしたほうがいいかな』とか『どっちがいいかな』とか考えていると、すぐに『こうしたらいいんじゃない？』って言われるので、なんかそうしちゃうんですけど。昔から、高校のときからいつもそうで、彼女にそうやって言われると、気が進まなくてもノーって言えないんです。

この間も、お仕事が終わって帰ろうとしたら、彼女から仕事を頼まれて……でも、それって私、見てたんですけど、課長からサイ子ちゃんが、あっ、言っても大丈夫なのかな？（美穂子先生、うなずく）その子の名前はサイ子ちゃんっていうんですけど、サイ子ちゃんが課長から頼まれた仕事なんです。なのに、サイ子ちゃん、私に頼んできて……サイ子ちゃんが課長から頼まれた仕事だよねって、私わかっていたんですけど、ノーって言えなくって、うんって言っちゃったんです。昔からの友だちだし、サイ子ちゃんのこと好きだし、でも、その後夜遅くまで残業してて、でも、翌日話してるのをチラッと聞いたんですけど、サイ子ちゃん飲みに行ってたらしくって……。でも、サイ子ちゃんは私なんかと違って忙しいから、飲みに行きたい気持ちもわかるし、私なんか（以下略）……。でも、なんか、モヤッとするんです」

（これはオーラルの典型だわ……）そう思いつつ、美穂子先生は優しくラル子ちゃんに言います。

「ラル子さんのお話、ちゃんと聞いていますよ」

ラル子ちゃんは、なぜだか目にウルっと涙が出てきたのに気づきました。

「いつもあなたは誰かのお世話をしているんですね。でも、あなたのお世話は誰がしてくれるんですか？」

美穂子先生のこの言葉にはっとして顔を上げるラル子ちゃん。

「もしかして、子どものときからずっと、そうやってまわりにいる人のお世話をしてきていませんか？」

「えっ……。私、そうなんです。子どもの頃、あ、今もなんですけど、ずっとお母さんが私に愚痴を言ってきていて。仕事のこととか、お金のこととか、家のこととかです。私いつも、お母さんが私に愚痴を言うのを、ずっと黙って聞いていました。笑顔のお母さんが好きなのに、私のほうを向くときのお母さんはいつも悲しそうな苦しそうな顔をしているので、お母さんを笑顔にしたくて……。お母さんの話を聞いてあげるのは私しかいないと

セット・バウンダリー＜感情＞　ラル子ちゃん

ネイルサロンでこんなことがあってね
機嫌悪い？
うん
そんな言い方しなくても
それってラル美ちゃんもいけないんじゃないの
うるさいなぁ
おまたせしましたー
こんなふうに空気がぐちゃぐちゃになったときは
なんか変な空気
相手ではなく自分の内側に目を向けてください
ピー
自分の感情を持ち分けて
自分はどう感じているのかを感じてください
どちらも認めてね
怒り嫌悪
愛しい好き
同じようなことがあなたが小さい頃ありませんでしたか
うんうん
これは私のよくあるパターンだわ
この人は関係無いんだった
落ちついてきたら今に戻って
おかえり
目の前の相手と向き合ってください
疲れてたんだね一緒にご飯食べてほっとしよう
ごめんイライラしてあたった…今日いやなことがあって

思っていたし、それが私の役割だって思っていました」

「お母さんの感情のお世話も、小さなあなたがしていたのですね。子どもが大人の気持ちを必死でケアしなければいけないなんて、おかしいと思いませんか？」

「そうすることが私の役割だって思っていたから……おかしいなんて思ったことなかったです……」

「子どものときから、人がしてほしいと思っていることをしてあげるのが自分の務めだと思っていたから、今も、まわりにいる人に何か言われると、あなたはつい、自分がやらなければ、と引き受けてしまうのですね。この人はたいへんだから、とか、かわいそうだから、と思っては、相手の感情のバウンダリーを超えて、気持ちのお世話をしようとしてしまう……つまり、あなたが他者の感情のバウンダリーを越えて相手の感情を引き受けてしまっていることが、いつものあなたの損な役回りを引き起こしていたのです。これを聞いて、どう思いますか？」

ラル子ちゃんは、ここで初めて自分がさっきからずっと泣いていたことに気づきました。

「いつもの私の損な役回りは自分が原因だったなんて、全然気がついていませんでした……人のお世話ではなく、私はまず、自分のお世話をしなければいけないんですね」

困っている人を見たらフラフラ寄っていくラル子ちゃん
大丈夫？サイ子ちゃん
やだこれどうなってんの
イライラ
間が悪くいつも切ないことに…
今問い合わせてんの ちょっとあっち行ってて
私が自分から取りに入ってたんだ
だけど
大切なことに気づき
自分のところに戻ろう…
「お世話」をやめたラル子ちゃん
あれはサイ子ちゃんの問題 私は何を感じてるのかしら
これしてみよう
あれしてみよう
集中
わくわく
あ、サイ子ちゃん
さっきはイライラしてごめん
ラル子ーー
疲れてるの？今日帰りに猫カフェでも行く？
いいわね
やさしい世界があふれるのでした

美穂子先生の優しい笑顔を見て、ラル子ちゃんの大きな瞳から大粒の涙がこぼれます。

「そうですね。次に誰かに何かを頼まれたら、その瞬間ラル子さん自身がどう感じているのか、感じてみませんか。条件反射で相手のお世話をしようとするのではなく、本当は自分がどう感じているのか。そして本当は何と言いたいのか。それを、あなた自身が聞いてあげてください。わかってあげてください」

それからまたひとしきり泣いてから、ラル子ちゃんは、美穂子先生のアドバイスに頑張ってチャレンジしてみることを決め、面談室をあとにするのでした。

オーラルのバウンダリーの誤解：感情的バウンダリーの誤解

他者の感情と自分の感情の区別がつきにくく、また生来の優しさゆえに、誰かが困っているとつい手を差し伸べて言うことを聞いてしまう。そのため、感情的なバウンダリーを引くことが難しい。だがその割に自分の感情のお世話はまったくできていないため、人間関係で苦しくなりがち。

✷カウンセリング3　マゾ美の巻

コンコン♪

「こんにちは！　カウンセリングを予約していましたマゾ美と申します♪」

元気よくドアが開き、ハツラツとした様子でマゾ美ちゃんが面談室に入ってきました。丸顔童顔のマゾ美ちゃん、ニコニコして美穂子先生の目の前に座ります。

「先生、よろしくお願いしまーす♪（心の声：適当にいい子にしてさっさと終わらせよー）」

「こんにちは、マゾ美さん。どうぞよろしくお願いします。今日はどんなご相談ですか？」

「（心の声：何その言い方！　カウンセラーとか言ってるけど、この人たいしたことなさそう）いえ、私、特に何もないんです。仕事もうまくいっているし、どっちかっていうとムードメーカーみたいな、みんなのまとめ役？　みたいな立ち位置にいて、みんなとも仲良くしているし。いろんな人が私にいろいろ頼んでくるのがちょっと面倒くさいなって思ったりすることはありますけど、でも大丈夫です！」

「いろいろな人がいろいろなことを頼んでくるとき、マゾ美さんはどう感じるのですか？」

マゾ美ちゃんがニコニコ笑顔を崩さずに答えます。

「（心の声：は？ どう感じるってどういうこと？ この人何言ってるの？）いやあ、もう次から次にいろんな人が私に頼んでくるんですよ～」

「それをあなたは、一つ一つ解決していかれるのですか？」

「（心の声：え、わかんない。この人何変なこといってるの？）次から次に仕事が積み上げられちゃう感じ？ 一つ一つタスクをこなしているうちにあっという間に1日が終わっちゃう感じです（ニコッ）」

「頼まれごとを断ったりはしないのですか？」

「断る？（心の声：は？ こいつ何言ってるの？ 断ったらどうなるか、わからないの？）」

「それは全部、あなたがしないといけないことなのですか？」

「（心の声：何言ってんのこの人）え……だって、やっぱり、みんなのためにやらなきゃいけないと思うし、私がやらなければみんながたいへんじゃないですか」

「マゾ美さん、子どもの頃、お母さんはあなたのやることなすことに口を出していませんでしたか？」

マゾ美ちゃんの中で何かがかすかにゆらっと動きましたが、笑顔を崩さず答えました。

「そうですね〜。でも、お母さんは私を思って言ってくれていたので♪」

「お母さんが思っていることを察知して言われる前に動いたり、あるいはそれを言われないために先んじて行動していませんでしたか？」

「あ、そうするとお母さんが褒めてくれました♪」

「それは、お母さんの意見をただ従順に取り入れて行動していただけだと気づいていますか？　つまり、自分が『こうしたい』とか『こう思う』ということよりも、お母さんが『こう思う（だろう）』『こう言う（だろう）』というところから動いていた——つまり、マゾ美さんは、マゾ美さん自身の本当の気持ちから動いていなかったということです」

「え〜（笑）（心の声：は？　何？　どういうこと？）」

「同じように、今も、他の人が『こう思う（だろう）』『こう言う（だろう）』というところから、他の人の分のお仕事を抱え込んでしまっているように思えます。その結果タスクが溜まってしまい、引き受けた仕事をこなせないままどんどん積み上げられていく……それは、たいへんではないですか？」

「いや、別に、え？　たいへんではないですかって……え、いや、別に。え？　え？」

美穂子先生が立ち上がり、部屋の中にあったクッションを集めてマゾ美の手の上に積み上げはじめました。

「マゾ美さん、今、どんな感じがしますか？」

「（心の声：は？　どんな感じって……）両手がいっぱいでたいへんです」

「ですよね。誰かにちょっと持ってもらうとか、助けてもらうとか……いろんなやり方があると思いますが、そうしようとは思いませんか？」

「（心の声：そうしようとは思いませんかって……え……？）いや、私が全部やらないといけないですよね？　全部やらなきゃいけないと思ってましたけど……」

「それ、手放してもいいんですよ」

「えっ。手放すって、どうやればいいんですか？」

「両腕を開いて、手の上に乗せているクッションを全部手放すんです。ちょっとやってみませんか？」

マゾ美が思いきって両手を離すと、手の上にうず高く積み上げられていたクッションがバラバラと床に落ちていきます。にっこり笑いながら美穂子先生が言いました。

「今、どんな気持ちですか？」

「なんか、すごく軽くなって……！　すっきりしました♪」

セットバウンダリー＜精神＞　マゾ美ちゃん

マゾ美ちゃんの声の調子が本当に弾んでいます。

「どんどん抱え込んで目の前に仕事が積み上がっていくよりもいい方法があります。『最初から抱え込まない、受け取らない』という方法です」

「そうですね。そう……かもしれませんね。……手の上のクッションを手放したらこんなに楽に自由になるなんて、思いもしませんでした」

「マゾ美さん自身がこれをやってもいいという許可を、自分に与えていってみてください」

まったく新しい体験に少し興奮している自分を感じながら、初めて心の底からの笑顔を美穂子先生に向け、心の底から感謝の気持ちを伝えて、マゾ美ちゃんは面談室をあとにしました♪

マゾキストのバウンダリーの誤解：精神思考的バウンダリーの誤解

親の支配の下親の言うことに従い、表面的には「いい子」であり続けてきたマゾキストは、精神的なバウンダリーの引き方がわからない。また自分の考えていることに対しても他者の言っていることに対しても常に頭の中でダメ出ししている。

肉体、感情を感じたら、次に意識してほしいのは
これ食べて～身体にいいから～
たくさん作ったの～
お義母さんありがとうございます
ハイ
精神的バウンダリーです
今食べて～おいしいのよ～
みてみて
・・・
いま?!
はあ
ガマン
あらあら泣いてるわおっぱい出ないのかしら
・・・
・・・
えーん
ピンポーン
私が出るわねまかせて
泣かないの!!
えー
ハーイ
えーん
こうなる前に自分に問いかけてください
なんて言葉!! マゾ美さん
うっせぇんだよ
どんな言葉が浮かびましたか?
イメージ
私ってダメな母
イメージ
「なぜ」そう思ったのですか?
イメージ
あなたのためなのよ～
うけとって～
きらわれたくない
ガマンすればいいとおもった
あなたの本当の思いを聞いてあげてください
自分を大切にしたい
スペースほしい
なかよくしたい
わーい

✹カウンセリング4　サイ子の巻

コンコン♪

「はい、どうぞ～」

「サイ子です。よろしくお願いしまーす♡　先生のイヤリングかわいい！　○○（ブランド名）の新作ですよね。ここのイヤリングかわいいですよね～。私も持ってます♪」

「ありがとうございます。○○には素敵なアクセサリーがたくさんありますよね。サイ子さん、今日はどんなご相談ですか？」

サイ子ちゃんが脚を組み直すと、ふんわりと香水の匂いが漂います。

「なんか～、キモい上司がいて～。仕事中とかずっと胸とか見られてる気がするんです。なんか食事に誘われたりとか、私をみる目つきが超キモいんです。でも上司が相手だし、これってセクハラ×パワハラじゃん？　とか思うんですけど～」

「そういうふうに見られていると、どんな気持ちになりますか？」

「何見てんだよ的な？　なんか、まとわりつかれてるみたいで、いっつもネト～、ジト～ッ

セットバウンダリー<エネルギー>　サイ子ちゃん

！
ヒソヒソ
ヒソヒソ
コソコソ

私のこと
きっと
悪く
言ってる
んだわ
絶対
そうだわ
ざわっ…
もやもや〜
イラッ

え!!
サイ子ちゃん
あとで話せるかな
ぐいっ
ぐいっ

何事!?
私何かした
かしら
何かしら!?
いいわよ
えっ
くる…

こんなふうにイメージぐるぐるが止まらなくなったときは
自分の内側に意識を向けてください
おーい

自分がどういう
こそこそ話されるあのエネルギーが苦手なのよね
突然ぐいってこられるのもいやだわ
エネルギーのときにどう反応しやすいのかを知りましょう
ちゃぷ
ちゃぷ

今、目の前では何も起こっていない
はっ
あ、勝手に思い込んでた…
ということを意識して
あ！おかえり

イメージではなく今目の前の人と出逢って世界を創っていきましょう
うん！任せて
なーんだ
今度部長の退職祝いを計画してて、サイ子ちゃん、一緒に企画してくれない？

て見られてるみたいで、気持ち悪いの」

美穂子先生が凛とした調子で言いました。

「サイ子さん、そのときの体の感じはどんな感じか、どんな感覚があるのか、感じてみませんか？」

しばし目をつぶったサイ子ちゃんですが、ブルっと身震いして目を開けました。

「もう、なんかすごいゾワっとします」

「もしかして、実は会社にいる間ずっと、この感覚を感じていませんか？」

「先生、すごい！　なんでわかるんですか？　確かに感じてます。でもそれを感じてたら仕事にならないから、とにかく仕事に意識を集中してる感じなんですよ」

「これは、エネルギー的にバウンダリーを越えられている状態なのですが、その自覚はありますか？」

ちょっぴり眉をしかめて首を振るサイ子ちゃん。

「まあ、別に触られているわけじゃないし。これってセクハラではないと思ってますけど」

「直接体を触られたとか、そういうことではないから、まあいいやって思っていらっしゃるかもしれませんが、実は気持ち悪さをいつも感じているのに、それをなかったことにしてい

エネルギー的バウンダリーとは
あらサイ原さん
…あら素敵
新作のバッグポチしちゃった
今月2個目なの〜
言葉より先にあるやりとりです
エネルギー的バウンダリーが乱れると
なんだかサイ原さんイライラするわ
人のエネルギーに巻き込まれてしまいます
なんだか私までイライラしてきたわ
エネルギーには「押す」「止める」
これ提出したいんだけど
17時までなので1分遅いので無理です
事務室
「引く」
あなた帰るなら連絡してよねごはんないわよ
あ、ごめん
いやお腹すいてないしいいよ
機嫌悪いな
「流す」とありますが
ごめんなさいさっきはイライラしちゃった…
きげん直ってる
飲も
そんな日もあるよ
自分がどう感じているのか何をしているのかを知ることが大切です
もうサイ原さんに振り回されないんだから
パック中のサイ原さん

るという今の状態は、サイ子さんが自分自身を大切にしていないということになります」

がーん（目を見開いたままショックを受けるサイ子ちゃん）

（大切にしていないってどういうこと？ だって私、すごく自分を大事に扱っているじゃない。ネイルだってマッサージだって通ってるし、お野菜はオーガニックだし、肌に触れるものにはかなり気を使ってるし、いいものしか身につけてないのに！）頭の中が思考でいっぱいのサイ子ちゃんに、美穂子先生はゆったりと、でも威厳のある声で続けます。

「サイ子さんが、お洋服やお化粧品や、食べるものに気を遣い、お肌のお手入れも欠かさずやられているというのは見てすぐにわかります。でも、自分の心のケアはされていますか？ 自分が感じていることに自己責任を持とうとしていますか？」

（心のケア？ 自己責任？ 何よそれ、自分を大切にすることと何の関係があるのよ）サイ子ちゃんの脳内の声が一層激しさを増していきます。

「もっと、自分を大切にしてみませんか。もっともっと大切にすることができますよ」

「……自分を大切にするって、じゃあ、実際どうしたらいいんですか？」

サイ子ちゃんが口を尖らせ、不満そうに美穂子先生に尋ねます。

「今、感じていることを、『私はこう感じているんだな』と、誰よりあなた自身が自分に認めてあげることです。そしてそれを感じてあげることです。

身なりを整えるということももちろん大切なことですが、もっと自分に優しく、愛と敬意を持って接していくこと、『私はこう感じているんだね』と自分に認めていくこと、その練習を始めてみませんか」

「……なるほど。ちょっとやってみます」

美穂子先生と目が合うとなぜか少し照れ臭そうな顔をしたサイ子ちゃんは、一つ大きな深呼吸をしてからお礼を言い、面談室を出ました。

（はあ〜。結構ショックだったなあ……ちょっと更衣室で休んでこ！）

サイコパスのバウンダリーの誤解：エネルギー的バウンダリーの誤解

他者からのエネルギー的侵入を敏感に感じ取ることができるにもかかわらず、それを自分に都合のいいように曲解し、受け取る傾向が強い。その下にある「本当に感じていること」をどうでもいいことのように扱ってしまう＝自分を大切にしていない。これが高じるにつれて自己価値はどんどん下がり、自己価値を補うためにブランドもので身をかためる。

✷カウンセリング5　リジコの巻

「（……あと2分）」

予約した面談時間の5分前に面談室前に到着したリジコちゃん。予約時間きっかりにドアをノックし、中から「どうぞ」という返答が聞こえるのを待ってから、おもむろにドアを開けます。

「失礼いたします」

「こんにちは。リジコさんですね。今日はどんなご相談ですか？」

部屋に入ったリジコちゃんは美穂子先生に一礼してから椅子に腰掛けます。

「はい。でも、社内のことではないのですが……大丈夫でしょうか？」

「もちろん大丈夫です。個人情報は厳守いたしますので、安心してお話しください」

美穂子先生の言葉に少しホッとした様子でリジコちゃんが話し始めます。

「社内のことではないのですけれど、仕事に関わる今後のことで……ちょっとご相談したいことがございます。私、おつき合いさせていただいている方がいるんですけれど、あの、正式な形でお申し込みをいただいて。とてもいい方なんです。先日も仏像展に誘われてご一緒したんですが、もちろん結婚を前提におつき合いしているので、その、あれです……仏像展の後に、あの……あの、ホテ（小声でゴニョゴニョっと誤魔化す）……に行ったんですが……でも、おつき合いしている若い男女としては、それはあの、当然のことですので」

美穂子先生は黙ってリジコちゃんの話を聞いています。

「私としては、そういうことは結婚してからがよいのではないかと思うのですが、彼が、若い男女がつき合っていればあたりまえのことだと……。このままいくと、結婚という運びになると思うんですが、彼が、結婚したら仕事は辞めてほしいと。私としては仕事を続けたい気持ちもあるのですが、夫となる人の希望ですので従うべきかと……。それから、彼には同居のお母様がいらして、家に入ったらいずれお母様の介護をしなければならなくなりますので、仕事を続けていたら介護は難しいかと思います。やはり、仕事は辞めなければいけないのでしょうか？　でも、彼から『結婚したら女性には家庭に入ってほしい』と言われましたし……私はそうするべきなのでしょうか？」

思わず力が入り、汗がにじんできたのに気づいたリジコちゃんはハンカチで口元を押さえます。

「まず、おつき合いされている方がいらして、お仕事以外でリラックスして楽しむ環境をお持ちであることは、とてもいいことだと思います。結婚を前提におつき合いされているということですが、たとえば結納ですとか、結婚に向けた具体的な話はもう出ているのですか？」

「いいえ、まだそのようなお話は受けておりません」

「でしたら、恋人同士として楽しんでいる今の段階で、結婚したら仕事を辞めなければいけないとか、さらに未来の介護のことまで気に病む必要はないと思いますよ」

「はい、でも、結婚を前提におつき合いしている相手からそう言われたらその希望は叶えるべきだと思いますし、結婚したらいつかはそうなるわけですし……今、どうするべきかを決めておかなければ、そうなったとき、どうすればいいのですか？」

美穂子先生はリジコちゃんの目をしっかり見つめながら静かに答えました。

「大切なのは、あなたがその方をどう感じているのか、愛しているのか、その方と一緒にいて温かく幸せな気持ちになるのかどうかということです。そこに愛があるならば、どんな障害があっても乗り越えられると思いますよ」

「えっ……愛、ですか？　彼のことをどう感じているのか、ですか……？　でも、感じるって何ですか？　どういうことなのか、具体的にご教示いただけませんか？」

セットバウンダリー＜霊的＞　リジコちゃん

目の前の現実が悲しすぎて辛すぎて
感情を感じたら生きてはいけないような
受け入れがたいものだったとしても
その辛い出来事の先に後から考えると
『こういう意味があったのね』と思えるような
俯瞰したシフトアップした目線があるということを知ってください
どうして人は「いじめ」をするのかしら
こんなふうにつらい思いをするなんておかしい
自分の痛みがわかるからこそ
つらいよね
うん
つらいです
人の痛みに寄り添えるし
その経験があるからこそ切り拓いていく未来があります
そのとき、そのときはわからなかったとしても
じぶんをいやす 人をいやす
リジコさん ありがとう
ありがとう…
長い時間の先にそういうことなのか…と
理解できることがあります

美穂子先生が優しく微笑みながら続けます。

「彼のことを考えると幸せな気持ちになったり、胸があたたかくなったり……一緒にいるだけで、ぽっと胸にあたたかな光が灯るような感じがしたり……そんな感覚はありますか？」

「あ！　それでしたらありました！」

リジコちゃんは、いつだったか、電車の中で仏像展へのお誘いのＬＩＮＥを読んだときに感じた感覚を思い出していました。

「その感覚を、大切にあたためて育てていくのです。二人の間に愛が育てば、どんな障害が出てきたとしても、力を合わせてそれを乗り越えていくことにすら、喜びを感じられるようになりますよ」

リジコちゃんの頬がまた、ポッと赤くなりました。

「ありがとうございました。美穂子先生のアドバイス、参考にさせていただきます」

姿勢を正し、一礼してから立ち上がったリジコちゃん、面談室のドアを開ける前にも、部屋から出てドアを閉めたあとにも美穂子先生に向かって深々とお辞儀をしてから仕事に戻っていきました。

エッセンス　リジコちゃん

霊的バウンダリーとは
まただわ いつも私の前に現れる
それぞれの人生で起こる出来事
なぜかしら こういう世界に触れると涙が出る…
小さい頃からいつも雲をみるとほっとするのよね
アイデンティティ、スピリチュアル、価値観です
なんだか落ち着くわ
人生には同じような問題が起こりますが
なぜいつも同じような目に
繰り返し内面をみていくことで成熟していき
カウンセラー
うんうん
自分の信念・真実により気づきます
本当は私 愛を伝えたかったんだ…
自分には自分の
人には人の
なんとなくこう思う
ふと
大切にしたい何かがあるのです
やっぱりここだ

リジットのバウンダリーの誤解：霊的バウンダリーの誤解

本当は世界とは広くあたたかく、また真実は人によってさまざまであることがわからないため、Ａと決めたら選択肢はＡしかなく、実はＢという選択肢もＣという選択肢もあるということがわからない。そのためバウンダリーが非常にかたく、とっつきにくい印象を持たれがち。

カウンセリングその後……

５人それぞれが、美穂子先生とのカウンセリングを終えました。全員が全員、みんなの面談はどうだったのか気になってなりません。そんなとき口火を切るのはもちろんこの人、サイ子ちゃん。

「みんなカウンセリング終わったわよね？　報告会しなきゃね〜。さっそく今日、みんなでランチ行くわよ！　例のイタリアン予約しておくわね」

マゾ美がきょとんとした顔で尋ねます。

「え……サイ子、自分で予約するの？　私が予約しておこうか？」

「あ、店長とＬＩＮＥ交換したから大丈夫～♪　私が連絡しておくわ」

「（あ……また私、人の仕事をやってあげようとしてるかも……）あ……そう。じゃあ、お願いね」

「やたら私のことチラチラ見てるからさ、結構イケメンだったし……あの店お洒落だし、だからＬＩＮＥ教えてって声かけてあげたのよ（あれ？　私……私は、彼のＬＩＮＥ知りたかったのかな？　どうだったかしら……？）」


まだ数回しか来たことがないのにすっかり常連扱いのサイ子ちゃんのおかげで、奥まった個室でランチすることになった5人は、早々に注文を済ませ、顔を見合わせました。

「さて……美穂子先生とのカウンセリング、どうだった？　みんな何を相談したの？　ちなみに私はさ～キモい課長のこと話したのよ」

「課長、サイ子のことひいきしてるもんね～！」

「マゾ美もそう思うでしょ？　でもさ、ぶっちゃけ気持ち悪いんだよね。なんかネト～ッ、ジト～ッて見られてる気がして」

「それで、カウンセラーの先生は何て？」

リジコちゃんがきちんと固く閉じた膝を乗り出して尋ねました。

「今自分が感じていることを認めろとか……自分を大切にしろとか言われたかな。でもさ、キモいけど現実に何かあったわけでもないし、高いご飯食べさせてくれるし（笑）。別にいいんだけど、でも実際気持ちが悪いのは確かなのよね……。この状態、どうも仕事しにくくて。でも、自分を大切にって言われても、実際どうすればいいのか、実はわからないのよ」サイ子がため息をつきました。

ラル子ちゃんがおずおずと口を開きました。「あ、あの……私はね、あの、友だちとの関係について聞いてもらったんだけど……」

「へえ、ラル子は友だちのことで悩んでるんだ？　それって私だったりして（笑）」

「ち、ちが、違うよ～サイ子ちゃんじゃないよ、みんなが知らない人。そう、それでね、先生に話を聞いてもらって、そのときは何かすっきりして、これからどうすればいいかわかったような気がしたんだけど、結局実際にその子の前に出るとどうしたらいいのかわからなくなっちゃうの……」

（ラル子ちゃんの伏し目がちな感じ、かわいいなあ。漫画に描いてみようかな）口元を隠すようにしながら話すラル子ちゃんをぼんやりと見ながら、スキ子ちゃんがポツリポツリと話し始めました。

「私は、彼とのセックスのことを話したんだけど……子どもの頃、知らないおじさんにいたずらされた記憶が急によみがえってきてさ……」

「スキ子ちゃん、そんなことがあったんだ。それは、つらかったね」

マゾ美がスキ子の隣に席を移動し、スキ子の肩をなで始めました。

「（近い……）あー、でも、今まで忘れてたから……。で、よくわかんないんだけど、『怖い』を感じられていなかったとかカウンセラー？の人？が言ってて……それが彼とのセックスにも関係するらしいんだけど……でも確かに『怖い』って何なのかよくわか……」

スキ子ちゃんが話し始めたときから体をかたくし、緊張の色を隠せなかったリジコちゃんが唐突に口を開きます。

「私、今、おつき合いしている方がいるってご報告したと思うのだけど……その方との今後と仕事について相談したんです。彼は長男だから、結婚したら家に入って、彼のご両親の介護もいずれしなければいけなくなるし、でも私、仕事は好きだから続けたくて……」

「別に続ければいいじゃん」

サイ子ちゃんがアイスコーヒーの氷をカラカラいわせながら口を挟みましたが、リジコちゃんはまるで聞いていないかのように話を続けます。

「そうね、でも……。先生は、愛の感覚を感じてそれを信じなさいっておっしゃっていたけれど、でも、普通、結婚したらどうなるかって、先のことを考えますよね？ 先のことを基準にして行動を決めますよね？ 普通そうですよね？ だって、お母様やお父様を介護しなければならなくなったからといって、すぐに後任を見つけるのは難しいし、引き継ぎの時期も考えると、結婚したら仕事は辞めなければならないですよね？」

熱に浮かされたようにしゃべり続けるリジコちゃんに、マゾ美が言いました。

「やだーリジコちゃん、真面目に考えすぎだよ♪ そんなの、そのときに考えればいいじゃん♪ 私はさー、特に悩んでることとかないから、カウンセラーにそう言ったら、ちょっとお説教されちゃった♪ カウンセリング中にクッションをいっぱい腕に載っけられたのには驚いたけど（笑）」

POINT

人の話を何気なく取っていってしまうのはマゾキストの得意技

「マジー？ 何それ（笑）」

サイ子ちゃんが手をたたいて笑います。

「でも、それを一気に手放したらすっごくスッキリして、不思議だったな～……カウンセラーが、私は他の人の意見を基準に動いてるから、自分のしたいことがわからないとか言ってて、それは何かわかる気がしたんだけど、でも、じゃあ自分が何をしたいかとか聞かれてもわからないんだよね～……まあ、そんなにそれを悩んでるわけじゃないんだけどね☆」

スキ子ちゃんがクリームソーダのアイスを食べながら言いました。

「なんか、みんな、答え、出てないね」

「じゃあさ、それぞれもう一回、カウンセリングに行って解決法を聞いてみない？ 私は別に悩んでるわけじゃないからどっちでもいいけど、せっかく会社が産業カウンセラーを雇ってるんだし。ね！」

マゾ美ちゃんの提案にみんながうなずき、もう一度美穂子先生に相談に行くことになりました。

思い出したようにリジコちゃんが腕時計を見て、弾かれたように立ち上がりました。

「どうしよう！ あと10分で休憩が終わってしまう！ 急いで戻らないと！」

（クリームソーダのアイス、全部食べてから出よーっと）

（どうしよう……私、まだ、飲み物が来てない……泣）

（本当リジコって頭がかたいっていうか……（笑）多少遅れたって平気なのに）

（あら！ レジにいるの店長じゃない！ 私がいるからわざわざレジに入ってるんだわ、きっと……一応メイク直して香水もつけ直したほうがいいわよね……ん？）

第6章

さらに
深いカウンセリングで
自分を知る

2回目のカウンセリング1　スキ子の巻

（今日カウンセリングに行ってみよーっと）

いきなり思いついたスキ子ちゃんは、その足で、美穂子先生のいる面談室のあるフロアへ行こうと、エレベーターに乗り込みました。

POINT **スキゾイドは思いつき命。あらかじめ予約しておく、準備しておくという概念はありません。**

エレベーターに乗ると、面談室の階数ボタンを押して［閉］ボタンを押しました。階数を表示するパネルを見上げた瞬間、閉じかけたエレベーターのドアの隙間に男性の足が慌ただしくさし入れられ、もう一度開いたドアから男性が飛び込んできました。

「すみません、急いでいたもので」

「あ……はい」

スキ子ちゃんは消え入りそうな声で答え、肩をすくめて下を向き、エレベーターの隅っこで体をこわばらせました。なんだかそわそわどきどきした、変な感じがしていたたまれず、面談室のフロアに着くと逃げるようにエレベーターを出て、面談室まで走ります。

「美穂子先生！」

ノックもせず、アポなしで飛び込んできたスキ子ちゃんに、美穂子先生はびっくりして立ち上がりました。

「スキ子さん、どうしましたか？」

「あの、それが、あの、あのですね」

が、スキ子ちゃんのあわてぶりを見て、そっとスキ子ちゃんの腕に触れて言いました。

「大丈夫よ、落ち着いて。ゆっくり呼吸をして……気持ちが落ち着いたら、何があったのか話してくださいますか？」

スキ子ちゃんはしばらくスー、ハー、と深呼吸をして、それから話し始めました。

「何があったのか、自分でもわからないんです……ここに来ようとしたら、エレベーターが閉まりかけのときに急に足が入ってきて……そうしたら、自分がよくわからなくなりました。ここにいるのか、いないのか、ここにいてもいいのか、いてはいけないのか、みたいな感じというか。これ、何ですか？今、私に何が起こってるんですか？」

およその状況を把握した美穂子先生は、スキ子ちゃんの腕に優しく触れたまま、そっと椅子に座るよう促してから、話し始めました。

「エレベーターにいきなり人が入ってきて、肉体のバウンダリーを侵された恐怖を感じたのですね。突然入って来て侵入されるような体験が、あなたの過去の傷に触れたのです」

「え！！！！！　なんですか、どどどどういうことですか、それ？」

「私たちは誰しも子どもの頃に、さまざまなショッキングな体験をしていますが、それらを過ぎ去った「過去のこと」としてとらえられれば、今、目の前の現実に起こってきたできごとに対して、子どもの頃のように自動的に反応することはありません。けれど、子どものときの体験の感覚や感情を、肉体的にしっかり感じないままでいると、その後の人生で、繰り返し同じようなショッキングな体験を、現実に引き寄せてしまうのです」

「み、美穂子先生、じゃあ、私どうしたらいいんですか？」

「まず、呼吸をして……いつもより、体の奥深くに酸素を取り込むようなイメージで呼吸をして、自分の足に意識を向けてみてください」

「あし……」

ようやくそのときスキ子ちゃんは、足がガクガク震えているのに気がつきました。

スキ子ちゃん

最も優先して整えたいのは
肉体的バウンダリーです
他人
自分
ここまでは私
これは私
肉体的バウンダリーが乱れると
現実で不具合も起こり、
とても乱れます
眠れない
HITマンション
コンビニ
肉体的バウンダリーを整える上で大切なことは、
おい頼めるか!?
オレの言っていること聞いてんのか
自分の身体を感じることです
首がつまる
ガガガガ うるさくて 耳がキーンとする
歯がぎゅっとなる
息が苦しい
胸がドキドキする
手が冷たい
背中が緊張してる
ひざがガクガクする
自分の身体に何が起こっているのかを知り
怖くて緊張してた…
自分が感じたことを大切に人ともつながっていきます
早く言えよ 分かったよ
ごめんな
ここまでです
今日は厳しいので明日ならいいよ
びっくりしちゃった…

「怖いです」

「スキ子さん、私はあなたと一緒にここにいます。私の目を見て」

スキ子ちゃんはおずおずと、目線を美穂子先生の目に合わせました。

「私は今、あなたに何の危害も加えていません。私があなたを支えますから、ゆっくりと、深い呼吸を体内に取り入れ続けてみてください」

呼吸をすると足がガクガク震え、その震えで全身が絞り上げられるような感覚に、スキ子ちゃんは何度も体から魂を抜け出させ、その場から逃げようとしましたが、美穂子先生の
「大丈夫、一緒にいますよ」

という声に励まされます。

「この感覚の中で、しっかり感情を感じるのにかかる時間は最大で1分です。スキ子さん、その1分間をスキ子さん自身にあげてみてください。震えてもいいし、私につかまっても大丈夫ですから」

スキ子ちゃんは、心の中で、（1分間だけ……1分間だけ逃げずに頑張ってみよう）と決めました。しばらくすると絞り上げられるような全身の震えがしずまり、こわばっていた体から力が抜けていくのがわかりました。

人混みでひゅっっっと抜けるスキ子ちゃん
ドキドキ
パニック
ざわざわ
自分の身体を感じて
そうだった
深呼吸
スーハー
ざわざわ
なんだか安心してきた
ほっ
ぽか
ぽか
スキ子ー ねえねえ
また抜けてしまうスキ子ちゃん
あのさぁ残業してくれる？あたし忙しくて
ん？
また聞いてないのかしら
イライラ
どう感じてる？
スーハー
戻らなきゃ
あら、そうなの
自分の身体、心を感じて
わたし今日は先約があって残業は難しいの
じゃ 他の人あたってみるわ
らじゃ
またお茶しようね
うん
…
言えた!!

美穂子先生がにっこりと微笑みました。

「スキ子さん、頑張りましたね。今感じてもらったその感覚が、子ども時代のそのショッキングな体験のときに感じることができなかった感覚なのです。今はどんな感じですか？」

「……まだちょっと膝のガクガクが残っているけれど、気持ちはずいぶん落ち着いてきたような気がします。それに、何であんな反応をしたのかって、さっきのことを思い出すとちょっと笑えてきます！」

「感じることができて、よかったですね」

「先生、これから先、ああいうことはもう私に起こりませんか？」

「感じられなかった感覚をスキ子さんは今しっかりと感じることができたので、そのできごとを『引き寄せる』回数は確実に減っていくと思います。もしも起こったとしても、これまでのような反応は起こらなくなりますよ」

何だか少し自分が新しくなったように思いながら、美穂子先生にお礼を言い、スキ子ちゃんはスキップ混じりでまたエレベーターに乗り込みました。

2回目のカウンセリング2　ラル子の巻

「んーーー、どうしよ。これ。困ったなあ……」
ラル子ちゃんの耳にサイ子ちゃんの声が聞こえ、ふとパソコンの画面から目を上げると、珍しくサイ子ちゃんが眉根を寄せて書類を眺めているのが目に入りました。
「サイ子ちゃん、どうしたの？」

POINT
オーラルは、困っている人を見ると黙っていられません。何をさしおいても、その人を手助けしようとします。

「いや、この資料を今日中に作らないといけないんだけど、もっと先にやらなきゃいけない別の案件があるのよ……いくら私でも両方は無理～（笑）」
きれいにネイルしたサイ子ちゃんの指が、手に持った書類を憎らしげに弾きます。
「！」（サイ子）
「？」（ラル子）

「そうだ！　ラル子、この資料作成お願いできる？　ラル子は細かい数字の扱いが得意だから、私より早く作れると思う～」

「え、え、あ、あ、う。うん……いいよ。」

「やったー！　超助かる！　さすがラル子！　今度おごるからパフェ食べに行こ！」

書類の束を受け取り、自分のデスクに戻りながら、ラル子ちゃんは、何かお腹のあたりがモヤモヤしているのを感じました。

（この間、美穂子先生に言われたことと同じことを、またしている気がする……なんで私、すぐに人のお世話をしようとしちゃうんだろう……自分の仕事だって溜まってるのに……。（泣）美穂子先生に、また相談してみようかな）

悪いことをしているわけではないのに、なぜか誰にも見られないよう気をつけながら、面談室のあるフロアにそっと移動したラル子ちゃんは、そうっと面談室のドアを開けました。

「ラル子さん、こんにちは。今日はどうされましたか？」

美穂子先生の声を聞いてほっとする自分を感じながら、ラル子ちゃんは話し始めます。

ラル子ちゃん

お父さんてば
こーであーで
もういや
うんうん
肉体的バウンダリーの次に意識してほしいのは
お母さん我慢するから
お母さん泣かないで
感情的バウンダリーです
なんで泣いてるんだうるさいぞ!!
お父さん!!
お母さんたへんなんだから
こんなときこそ自分に問いかけてください
お母さん
わかったから
私話聞くから…
ほんとは私、どう感じてる?
イライラ
ピリピリ
自分の感じていることを理解し
苦しい
重い
怖い
悲しい
あきらめ
自分の感情を受容します
他人の感情のお世話をやめて
自分の感情に責任を持つのです
父の感情
これは私の感情
母の感情

「この間相談を聞いていただいたこととまた同じことを私、やっちゃったんです。相手に頼まれたからといって、私が引き受けなくてもいいと思いながらも、困っているのを見ると、ただ話を聞いているのではダメで、私がやってあげなければいけないような気になってしまって……また引き受けてしまったんです……はい、相手はいつもと同じサイ……いえ、いつもと同じ友だちです。そのときからなんだかお腹のあたりがモヤモヤしていていて……私、お腹が弱くてよく消化不良を起こしてしまうんですけど、そのときのような感じが続いているんです」

「前回お話ししてくださったのと同じようなことが、またあったのですね。まず、ラル子さんが、自分のやっていることに気がついているということ、それはとてもよいことだと思います。困っているお友だちを見ると、なぜかその人にスーッと引き寄せられてしまうような感じ、相手の悩みを聞くと、それが自分にとって面倒なこと、ともすれば『毒』になりかねないようなことでも、つい自分から手を伸ばして引き受けようとしてしまう感じを感じたのですね。このモヤモヤした感覚を、子どものとき、ご家族の誰かとの関係性の中で感じていませんでしたか？」

ラル子ちゃんはそれがお母さんであることにすぐに気づきました。

「お母さんかな……私、弟もいるので、あまり構ってもらえなかったんですけど、でも、お母さんが悩んでいる顔をしているとすごく苦しくて……私がお母さんの話を聞いてあげなければいけない、何かしてあげなければいけないって思って、いつもお母さんの愚痴を聞いていました……」

「このお腹がモヤモヤする感覚を感じてみてください」

お腹のあたりの変な感覚に意識を向けると、ラル子ちゃんは、どうしていいかわからない、途方に暮れたような気持ちになってきました。

「ラル子さんは子どもの頃、本当はお母さんにケアしてほしかったのに、逆に、悩んでいるお母さんに、自分がお母さんからしてもらいたいケアをしてしまっていたのではないかと思います。お母さんの感情と自分の感情との間を、行ったり来たりしている感じはありませんか？」

「なんだかいつも心が揺れています」

「これを、『葛藤』というのです。お母さんの感情はお母さんのもので、ラル子さんの感情はラル子さんのものなのに、この二つを分けるバウンダリーが子どもの頃からとてもあいまいであるように見えます。悩んでいるのはお母さんで、このモヤモヤしているのはラル子さんの感情です。お母さんにかまってほしいけど、かまってもらえないことから生まれた感覚なのですが、いつもラル子さんがお母さんをかまってしまうために、このモヤモヤがいなくならないのです」

ラル子ちゃんがハッとして、顔を上げました。

「そのモヤモヤを感じながら、いま、私がラル子さんと関わって、ラル子さんのお話を聞いているという事実を受け入れて、ゆっくりと呼吸してみてください」

自分がとても浅い呼吸しかしていなかったことに気づいたラル子ちゃんは、大きく息を吸い込みました。すると、ラル子ちゃんの大きな目から大粒の涙がポロリと落ち、見る見るうちに涙があふれて止まらなくなりました。

「ラル子さん、呼吸を止めないで、1分間、そのモヤモヤを感じてみてください。私がここに、一緒にいますから」

美穂子先生のあたたかい存在を間近に感じながらモヤモヤに意識を向けて感じていると、そのうちに少しずつ落ち着いてきました。

「……美穂子先生、次にこのモヤモヤをお腹に感じたら、また、こうしてモヤモヤを感じてみようと思います」

エッセンス　ラル子ちゃん

ディフェンスの状態だと、被害者意識の強いラル子ちゃんですが
私なんてダメダメ…
金欠もうダメ
みんな素敵私なんて…
家には庭で作った野菜もあるし食べるものはある
エッセンスで生きると満たされて愛があふれてきます
友達もいるし自分なりにできていることもある
どうしたの？スキ子ちゃん
ラル子ちゃんは気配り上手で
うーむ
私もそこ前に悩んだところだ…スキ子ちゃんのためにどう伝えれば…
繊細な感受性と天性の教育者
企画書進まなくて
しょぼん
んーっと…
この資料を参考にしたらどうかな
うんうん
ありがとー
なるほどこれならあとは自分でできるかも
優しくて慈愛にあふれるラル子ちゃん
あ、芽がでてきたまた水やりしておこう
いつか取り組んでみたかったやつだー
自分のニーズをあきらめないで育み
おー！
はいー！
今度アロマのイベントをサポートすることになった興味ある人いるか!?
まわりの人と協力しあい豊かな世界を育みます
どうぞ体験してください

「そうです。ラル子さん自身のために、感じてあげてください。人の悩みを解決しようとせず、自分のモヤモヤと、まずは向き合ってあげてください。それが、『自分に一番優しくする』ということなのです」

「自分のモヤモヤと向き合ってあげる……そんなこと、考えたこともありませんでした……よーし、私、頑張ります。頑張ってみます！」

美穂子先生がにっこり笑ってうなずきました。

「そうですね。相手ではなく、自分に一番優しくしてあげてくださいね」

2回目のカウンセリング3　マゾ美の巻

「マゾ美くん、ちょっと」

(あ〜課長だ〜。あ〜、めんどくさい)

マゾ美ちゃんはのろのろと立ち上がり、課長のデスクへ向かいます。

「この資料なんだけど、もうちょっと図やグラフを入れて、わかりやすく作り直してくれる？　明日、先方に持っていなきゃならないから、今日中に」

「（えーめんどくさい、これでいいじゃん）わかりました！」

課長に聞こえないように舌打ちしながらデスクに戻るマゾ美ちゃんに、別の席から声がかかりました。

「マゾ美さーん、来月の歓迎会、幹事お願いしちゃっていいですか？」

「私が？」

「マゾ美さん、お願いします」

「わかったわ（もう、歩くとめんどくさいことばっかりが増えていく）」

ため息をつきながら席に着くと、隣の席の後輩ラル江がおずおずと声をかけてきました。

「マゾ美さん、ちょっと教えていただきたいんですけど……この資料に使うファイルって、どこにあるんでしたっけ？」

「プロジェクト内の共有フォルダに入ってるでしょ」

「見つからないんですぅ（泣）」

「（イラッ）えー、そんなわけないでしょ（めんどくさい……でも私が探さなきゃ……）」

半分泣きべそをかいているラル江ちゃんにイライラしながら、ファイルを見つけます。

「あんた、こんなこともできないで仕事してるわけ？ あんたみたいな社員を給料泥棒っていうの」

マゾ美ちゃんのイライラスタンプカードはスタンプがいっぱいになり、ついに爆発。八つ当たりされたラル江ちゃんは、涙目で自分のデスクに戻りました。

（あーもう忙しい。でも今日はそういえばカウンセリングを予約してるんだった）

「マゾ美さん、今日はどうされましたか？」

「自分からやっているつもりは毛頭ないんですけど、次々にいろいろ頼まれるんです。断ろうにも私しかいないし、私がやらないと誰もできないし、引き受けるんですけど」

「マゾキストの方は、他の人のために何かするたびにイライラ不満が溜まり、いっぱいになると爆発して、他人に怒りをぶつけてしまう傾向があるんですが、そう聞いて、どう思われますか？」

「……（やばっ、私さっき後輩にそれやっちゃってたかも……）」

「今のように次から次にタスクが降ってくる感覚は、子どもの頃から持っていますか？」

マゾ美ちゃんは（当然でしょ）と思いながら答えました。

知らず知らずによかれと思って
まかせて
やっほー！
私やろっか〜
あ、私それわかるよ〜
いろんなことをするマゾ美ちゃん
一緒にするよ
知ってる知ってる
みんなに喜んでもらいたいのに…
はて
みんなが混乱してる？
しゅるるるるる
しゅるるるるる
私は何を感じてるの
私はどうしたいのかな
スペースを意識して
残業頼めるか
あ、部長…
今日は寝不足だから帰って休みたいな…
明日でいいぞ！
OK
珍しいな風邪か？
体調不良で今日は難しいのですが
明日でもいいでしょうか？
ほっ
自分も相手も大切にするのでした

「いや、普通に習い事のピアノもありましたし、お習字もあったし、学校の勉強もしないといけなかったし、あとクラス委員もしていたので、クラスの用事もありましたよ。でも私がしないといけないんだから、しかたないですよね？」

「それは、マゾ美さんが自分でしたいと思ったのですか？」

マゾ美ちゃんは（それが何の関係があるの？）と思いながら答えました。

「いや、習い事は母から勧められて始めたし、クラス委員は推薦ですね」

「つまり、マゾ美さんが心からしたいと思っていたわけではなく、他の人から言われたことをただこなしていたということですね。これを聞いて、どう感じますか？」

「（イラッ）確かにそうですけど、でも、それが普通じゃないんですか？」

「これまでずっと、他の人があなたにしてほしいということのために生きてこられたように思えますが、あなたは、自分のしたいことをしていいという許可を、自分に出していますか？」

（えっ）マゾ美ちゃんの思考が停止しました。

（したいこと？　自分のしたいことって、何だろう……？）

黙ってしまったマゾ美ちゃんを見て、美穂子先生が切り口を変えて話を続けます。

エッセンス　マゾ美ちゃん

めんどくさー
私わかるよ
やっとくね～
いい人だけど、溜まっていく不満
ディフェンスの状態だと
重々しいマゾ美ちゃんですが
エッセンスで生きると
大きなエネルギーがあふれます
マゾ美ちゃん安定感あるなぁ
勤勉で忍耐強く努力家で
いろいろなことをこなせます
想像力豊かな～
芸術家であり
一緒につくって遊ぼー
大きなハートで人ともつながり
自由を感じて人生を楽しみます
子供の未来をかんがえるまなびば

「今までにやったことのないことで、やってみたいと思うことはありますか？」

「そうですね……雑誌で見て、ボルダリングってやってみたいなとは思っていましたね」

「では、今度の日曜日にボルダリングをしに行くというのはどうですか？　この提案を聞いて、どう思われますか？」

「……行きたいって思うのと同時に、『危ないかも』とか、『そんなことをしたら親に何て言われるだろう』っていう考えが出てきました」

「ではあなたは、自分がこうしたいと思うことよりも、親御さんの考えのほうが大切だと思っているのですね」

「え……」マゾ美ちゃんはびっくりしました。

「もしかしてマゾ美さんは、自分のしたいことよりも、まわりの人の意見を優先することがあたりまえであると、子どもの頃から思っていませんでしたか。では、マゾ美さん自身の本当にしたいことは、いつ叶うんでしょうか」

がーん
がーん
がーん

マゾ美ちゃんはあまりのショックに、動けなくなってしまいました。

「もちろん、子どものときには、親の意見やアドバイスを聞くことが必要です。でも、マゾ美さんはもう大人です。やりたいことがあるのなら、それをする自由を自分に与えてはどうでしょうか。『自分に自由を与えてみる』。そう思うと、どんな気持ちになりますか？」

美穂子先生の言葉に、マゾ美ちゃんは、胸のあたりが大きく広がり、ワクワク楽しくなってくるのを感じました。

「何だかすごく、うれしくなります♪（ニコッ）」

マゾ美ちゃんの心からの笑顔を見て、美穂子先生も笑顔になりました。

「それはよかったです♪　ボルダリング、ぜひ行ってみてくださいね」

2回目のカウンセリング4　サイ子の巻

廊下から楽しげに笑う男女の声がしてきたかと思ったら、面談室のドアが開き、「じゃあね～サイ川くん！　美穂子センセー、こんにちは～」とサイ子ちゃんが入ってきました。

「サイ子さん、こんにちは。今日はどうされましたか？」

「この間、先生、『自分を大切にする』みたいなこと言ってましたよね。あれって、私が自分を大切にしてないいって意味でしょ？　自分を大切にするって、具体的にはどういうことなんですか？」

サイ子ちゃんは椅子に座って脚を組み、どこか探るような上目遣いで言いました。

「自分を大切にするというと、自分のためにおいしいものを食べたり、ボディケアをしたり、お買い物をしたりといった、表面的な部分に目がいきがちです。でも、たとえば前回のカウンセリングで、あまり好きではない上司から食事に誘われるという話をしていましたが、その方が、高級でおいしいものを御馳走してくれるといったら、サイ子さんはどうしますか？」

「ん～、行っちゃうかな～（笑）」

「それは本当に、サイ子さんにとってベストに心地いいことでしょうか？」

「だってそれって、私のためにお金を使ってくれてるってことじゃないですか」

「そうですね。でも、あなたのためにお金を使ってくれているからといって、あまり好きではない人と、自分が本当に感じている感覚を隠して、ある意味媚（こび）を売って数時間をとも

仕事ができて頭のいいサイ子ちゃん
フォント変えたら？読みにくいわよ内容もくどいわ
頼まれてたレジュメ作ったんだ
だけど…
今完成したとこなのに…
○○ソフトで○○機能で○○と連携させたら？
やり直したらどう？
サイ子資料頼めるか
はい〜
誰か手伝って〜
し〜ん
し〜ん
し〜ん
ごめん昨日ドタキャンしたのに、今日もお店変えちゃって〜
そして彼氏とも
10分遅刻…
ガーン
え？
帰る!!
もう君に振り回されるのはうんざりなんだよ
気づいたサイ子ちゃん
…ごめんなさい
私がみんなを振り回していたのかも
サイ子ちゃん変わったな…
みんなとも信頼を取り戻したのでした
振り回してごめんなさい…

に過ごすことは、自分を大切にしているといえるでしょうか？」

「えー、でも、普段自分では行かれないような高級レストランだったら、職場の環境改善を訴えるチャンスにもなるし、そもそも上司の誘いを断ったら、何かそのあとが気まずいじゃないですか」

サイ子ちゃんが少しイライラした様子になってきました。

「誰かとの関係性でどうするべきか悩んだときには、いい方法があります。『バウンダリーの優先順位』に状況を当てはめていくと、何を選択すべきかが見えてきますよ」

「バウンダリーはわかりますけど、バウンダリーの優先順位っていうのは聞いたことないかも」

サイ子ちゃんの、新しいもの好きな知的好奇心がうずいたようです。美穂子先生が続けます。

「これはバウンダリーの優先順位の表なのですが（115ページ）、今の状況をここに当てはめてみましょう。『自分のためにお金を使ってくれる』という要素は、あなたにとって金銭的バウンダリー、『自分にとって上司にあたる相手である』という要素は役割的バウンダリーに当たります。そして、『職場の環境改善を訴える』のは、社会的あるいは環境的バウンダリーに該当するかと思います。でも、お話を伺っていると、どうやらサイ子さんは自身のバウンダリーにとって優先順位の低いほうをより大切であると誤解されているようです」

腕組みをして美穂子先生の言葉を聞いていたサイ子ちゃんの眉がピクリと動きました。

POINT

サイコパス最大の悲劇の一つとして、「人は皆、自分を攻撃してくる敵である」という誤解を信じ込んでいることがあげられます。

「……（何よ。それの何が悪いのよ。私が間違ってるっていうわけ？）」

「たとえば『誰かと共に時間を過ごす』時間的バウンダリー、あるいは『そのために自分のセクシャルな魅力を使う』性的バウンダリー、といった要素を、本当は最も優先しなければならないのですが、今のサイ子さんは、優先順位が逆になっているようです。つまり、自分にとっていいことだと思ってしていることが、実は自分で自分の感情や感覚、セクシャリティという大事なものを、蔑ろにすることにつながってしまっているのです」

「……どういうことですか？」

サイ子ちゃんが足を組み、顎を上げて挑戦的な表情で美穂子先生を見つめます。

「『この人のことは好きではない、むしろ気持ち悪いとすら思っている』ことを二の次にして、自身にとって本来一番大切にするべきセクシャルな部分、その魅力を、『道具』のように使ってしまっているのではないかということです。そしてそのことによって、サイ子さん自身が自分に屈辱を与えているということです」

サイ子ちゃんは脚を組み直し、いら立たしげに足を動かし始めました。

「は？　屈辱？？？」

「そう、本当はその下で、屈辱を感じているのです。でも、それを感じないようにするために、そうやって脚を組んだり、腕組みをしたりするのです」

POINT

脚を組む、腕組みをするのはサイコパスに共通する癖。

それこそ屈辱に打ちのめされたような、愕然とした表情のサイ子ちゃんに、美穂子先生が優しく語りかけます。

「組んでいる手と脚を外して、屈辱感を感じてみませんか？」

エッセンス　サイ子ちゃん

ディフェンスの状態では
負けてたまるもんですか
あたしは特別
まわりをライバル視するオラオラサイ子ちゃんですが
あたしのほうがキレイなのに
自分は特別じゃなくてもいいと
自分を認めて戦いをやめてエッセンスで生きると
みんなでプロジェクトやりましょう
サイ子ちゃんうしろペガサスがみえる…
サイ子さんについていきます
有能なマネジメント能力で
スキ男くんお願いできるかしら?
スキ男くんぼーっとしてない!?
え!?
他人のエッセンスをひき出すことも
予想以上の才能ね…
隠れた才能
すごいね
こんな一面あるなんて
センスあふれる
抜群のリーダーシップを発揮し
宇宙を信頼して自分の真実のもと、
大いなる創造を描きます

「……？　どうやって？」

「組んでいる手と脚を緩めて元に戻し、お尻の後ろのほうに意識を向けて、感じてみてください。何か、モワモワもぞもぞする感じがありませんか？　この感覚は、子どもの頃からなじみ深い感覚ではありませんか？　どんなときにこの感覚を感じていましたか？」

お尻のあたりの気持ちの悪い感覚を感じていると、子どもの頃の情景がサイ子ちゃんの脳裏に浮かんできました。

「子どもの頃、欲しいものがあってパパにおねだりしたら、『次にテストで１００点を取ったら買ってあげよう』って言われたときのことがなぜか浮かんできました。……それから、一生懸命練習したのにピアノのコンクールで賞をとれなかったとき、ママに嫌味を言われたときのこと。でも、賞をとれたときには、ママはまるで自分が賞をとったみたいに大はしゃぎしてまわりに言いまくっていたときのこと……。そういえば私、うれしかったり、楽しかったり、悔しかったり、悲しかったり、私がどう感じているのかを親に聞いてもらったり、受け入れてもらったりしたことがないかもしれない……」

「ありのままでいられなかったのですね」

美穂子先生が静かに言いました。

「自分を大切にするというのは、特別な存在でいるために、自分の価値を押し上げようとすることではありません。そうではなくて、平凡さの中に喜びや幸せを見出す自分であるのを許すことです。どんな瞬間にも、『私は今こう感じているんだな』と、愛をもって受け入れることができると、すごく楽になるはずです」

「なるほど……私は自分が特別な存在でいるために、自分で自分を道具のように扱っていたってわけですね。もう、いやになっちゃうな～。これからはそうじゃなくて、まず、自分がどう感じているかに意識を向けて、それをただ受け入れるようにしてみます。……そういうことですよね？」

「その聡明さ、自分を変革し、常に前に進んでいこうとする勇気、本当に素晴らしいと思います」

サイ子ちゃんの顔がぱあっと明るくなりました。

POINT

常に自信満々に見えるサイコパスだが、実は自信がなく、劣等感にさいまれがちなので、褒めてもらえると俄然やる気が出る。典型的な、褒められると伸びるタイプ。

「ありがとうございました。美穂子先生、私、また来ちゃうかもしれません」

面談室のドアを閉めるサイ子ちゃんの目が少し潤んでいたのを、美穂子先生は見逃しませんでした。

2回目のカウンセリング5　リジコの巻

「失礼いたします」

時計の長針が12を指した瞬間、ノックの音がして面談室にリジコちゃんが入ってきました。深くお辞儀をして椅子に腰掛けると、少し緊張した様子でいきなり話し始めます。

「あの、先生。あれから私、先生に言われたことを持ち帰って検討していたんですけれども、やっぱり結婚したら家に入り、夫の言うことに添っていかなければならないと思うんです」

（リジットさんはこんなふうにちょっと面倒なほうに陥りがちなのよね……）と思いつつ、美穂子先生が言いました。

「リジコさん、異性とのおつき合いについて、そもそもどうしてそんなふうに考えるようになったのですか？」

「おつき合いするならそこまで考えるのって普通じゃないですか？」

「そんなことはないと思いますよ。人間には相性というものもありますし……リジコさん、子どもの頃のご家庭はどんな感じでしたか？」

リジコちゃんは子どもの頃のことを思い浮かべてみました。父は毎朝同じ時間に家を出て会社に向かい、同じ時間に家に帰ってきて、お風呂に入り、晩酌をし、翌日の準備をして布団に入るきちんとした人だったし、母は、そんな父に従う料理上手な専業主婦だったわ。

「普通の家庭だったと思います」

「お父さんとお母さんは仲がよかったですか？」

「普通に仲はよかったと思いますけど」

「たまには手をつないでデートに出かけたりとか、されていました？」

「はい？？？　え？？？　いや、家庭の中ですし、そういうのはないですよ。あたりまえではないですか？」

美穂子先生の中でパズルのピースがカチッとはまりました。

「とてもきちんとしたご家庭だったという印象は受けるのですが、その中でリジコさんは愛や優しさ、柔らかさを感じていらっしゃいましたか？　たとえばうまくできなかったときに頭をなでてもらいながら慰めてもらったり、あるいはどうしてもできないことを手助けしてもらったり、わからないことを教えてもらったりしたというようなことはありましたか？」

「？？？手助けしてもらったとか、教えてもらったとか……？　私が勉強しているときは、いつもお母さんが隣で正座して見ていました。宿題が終わるまでずっと見られているので、早く終わらせようと必死だったのを覚えていますが、教えてもらったことはありませんし、間違えるとピシャリと叱られました」

「完璧にやらないと許してもらえない環境だったのですね。リジコさん、どんな気持ちでしたか？」

「？？？え……どんな気持ちだったか、ですか……？」

「子どもというのは通常遊びたいですし、お母さんやお父さんに甘えたいものです。

でも、完璧にできなければ罰を与えられるという、厳しい環境で育った子どもは、間違わないように常に先を考え、失敗しないためには『こうでなければいけない』と思い込む

リジコちゃん

またなの
何回目!?
パーンパーンとやってしまうリジコちゃん
携帯なくしちゃってかけてくれない?
リジ子ちゃーん
もう社会人2年目でしょ ちゃんとするべきよ
リジ子ー ねえねえ
ラル子も放っておくべきよ
スキ子ちゃん大丈夫?
今電話してるのわからない?相手の状況見るべきよ
スキ子、もういいかしら
うっ
真違ってないはず…だけど…
もぐもぐもぐもぐ
ぽつん
あんな言い方したくないのに
ズキ
あ……
みんなと食べたかった
自分に戻り感じます
あ、いたいた
ほんとは仲良くしたかったリジコちゃん
さっきはごめんね ケータイあったの
ラル子ちゃんが見つけてくれたの
柔らかさを取り戻したのでした
さっきはイライラしてごめんね
ありがとう みんなと食べられてうれしい
たべよー
たべよ

ようになります。そしてそれが『普通』であると、大人になっても信じているので、他の人がどう考えているかに思いを馳せることなく、『何がなんでもこうしなければ、こうでなければいけない』という非常に個人的なこだわりの中に入り込んでしまうのです」

「はい、でも、誰でもそうではないのですか？　ほかにどんな選択肢があるのですか？」

「リジコさん、それは、人との関係性においてとてもかたく、リジコさんにとっても相手にとっても、とても痛いバウンダリーを引いてしまうのです。その結果、相手とどうつき合っていけばいいのかが一層わからなくなり、目の前の現実に意識を向けることなく、さらに先へ先へと、とにかく失敗しないようにとそれだけを考えてしまうようになります。このループに終わりはなくて、そのうちに、人からどう思われるのか、どう見られるのかが気になって、怖くてしかたなくなってきます」

「ええ、でも、それが今の私の相談と、なんの関係があるのですか？」

「おつき合いをしたら、当然結婚するのだから仕事を辞めなければいけないという、今のリジコさんの思考パターンは、今目の前にある現実からは遠く離れているところ、つまり今ではない『未来』を考えているので、まったく現実的ではないということです。これを聞いてどう感じますか？」

エッセンス　リジコちゃん

ディフェンス状態ではちゃんときちんと
それでは22時なので閉店します
カチンコチンしっかりリジコちゃん
お先に失礼します
あ　待って
salon
Rigizeshon
エッセンスで生きると雪どけするように
暗いから駅まで送っていくよ一緒に帰ろう
ドキッ
愛とセクシャリティに心開いていきます
恋でもしたか…
あれ？リジコ雰囲気変わった？
あたしのほうがキレイだけど
情熱的で強く優れたリーダーシップを発揮します
一つ一つやっていきましょう
私たちならできます！
他人のために自分の身を時に捧げ
ラル子ちゃんだけ提出できてないのね私も手伝うわ
献身的な愛でまわりの人を包んでいきます
リジコちゃんのおかげでできたー
はいホットココアお疲れさま
人はみな完璧ではない人生は愛や喜び、悲しみ、いろいろあることを知り、生きていきます
お弁当作ったの
気持ちいいねありがとう

「では、どうするのが正しいのでしょうか？」

これまでずっと何も問題ないような表情で座っていたリジコちゃんが、少し弱気になったように見えます。美穂子先生は優しく諭すように話を続けました。

「正しさよりも、自分が今どう感じているのかに、意識を向けてみてください。その方と一緒にいるその瞬間、どう感じているのか。今、私と一緒にいてどう感じられているのか。お友だちや同僚の方と一緒にいるとき、どう感じているのか。それは相手によって違いますし、その日によっても違うでしょう。その違いを感じてもいいのです。その違いを感じてもいいと、自分に許可を与えてみませんか。それが、自分に愛を向けるということでもあります」

「愛……自分に愛を向ける……？」

「そうです。まわりからどう見られているのか、どう思われているのかに意識を向けるのではなく、自分が今何を感じているのかに意識を向ける、つまり自分に愛を向けるのです。少なくとも子どもの頃、リジコさんが育った環境には、優しさや柔らかさがなかったように思います。だからこそ、大人になった今、自分が自分に優しさと柔らかさ、愛を与えてみてはどうでしょうか」

リジコちゃんは、いつの間にか自分の頬を涙が止めどなくつたっているのに気づきました。

「先生。私、なんだか涙が止まりません。私はなぜ泣いているのでしょうか。先生のお話を理解できているのかどうかもわかりませんが、でも、涙が止まらないんです」

美穂子先生はリジコちゃんの言葉に何度かうなずき、続けます。

「それを止めようとしなくていいんですよ。今、私は泣いている。その、泣いているというのがどんな感じなのかをただ感じてみてください。あなたが泣いていても、今、私は怒っていません。それを受け入れてみませんか。子どもの頃の痛ましい体験とは違う体験を、今リジコさんはしているのです。違う体験をしていいのです」

生まれて初めて、「愛」で自分を受け止めてもらった体験をしたリジコちゃんの涙は、しばらくの間止まりませんでした。

ドロー・バウンダリーと現実創造

自分の現実が思うように動かなくなってしまったときは、バウンダリーの優先順位を間違えている、つまり、対処しなければならないドロー・バウンダリーのうち、優先順位の低い要素に執着している可能性があります。

私自身、昔は、やりたいことがあっても「お金がないから貯まってからやろう（金銭的要素）」「子どもがまだ小さいし、この子が大きくなってからでないとやりたいことはできない（役割的要素）」と、優先順位の低いほうを大切だと誤解していました。そのため、当時の私は、思いどおりの現実を創造することができなかったのです。

今、私がプロフェッショナルヒーラーとして、経営者として成功できたのは、振り返ってみると、ドロー・バウンダリーの優先順位の高い要素から取り組んできたからではないかと思い当たりました。

最初は、物理的な要素に取り組みました。つまり、自分の小さなニーズを満たしていったのです。たとえばトイレに行きたかったら行く、お腹が空いたら食べたいものを食べる、眠くなったら昼間であっても睡眠を取るなど、それがどんなに小さなことであってもニーズを叶えていきました。これによって私は、まずは自分自身を大切にするという感覚を身につけたと思います。

そして、自分が住んでいる空間の中で散らかっているのが気になっているところを整理したり、あるいは「あれもしなければ、これもしなければ」とタスクを抱えて途方に暮れている状態から、とにかくできることから一つ一つ始めて、懸案事項や先延ばしにしていたことを全部片づけたら、内側から、「これをやりたい」「こんなことをしてみたい」という思いがふわっと出てきました（最初に浮かんできたのは、「そういえば私、セーターを編みたいと思っていたんだった」ということでした）。

自分の小さなニーズを自分で満たし、自分の手で自分にとって心地いい状況をキープできるようになったとき、私が次に手掛けたのは、仕事をするための自分のスペース作りでした。最初は小さな机からでした。食卓テーブルではなく、小さなパソコンデスクを置いた、私だけのスペースを作ったのです。そこからだんだんにカウンセリングルームやヒーリングスペースといった自分だけのスペースを家の中に作っていきました。自分だけのスペースというのは本当に大事で、そのスペースにいると気持ちが落ち着き、仕事に意識が向くようになっていったのです。

次に、時間的な要素に取り組みました。何時から何時までは仕事をして、何時から何時には家事をしようというように、自分の中で時間のバウンダリーを決めたのです。そうやって仕事を続けていくうちに、個人事業主として開業し、税金を払い、だんだんと社会的に認められるようになりました。数年後には会社を作ることを決め、社会の中で経営者という役割を担うようになり、金銭的にも何不自由なくお金が入ってくるようになりました。その結果、今はとても幸せで、恵まれた環境の中で仕事をし、愛する人たちとともに時間を過ごしています。

何をすればいいのかわからないとか、やりたいことをやってもなんだかうまくいかないというような悩みをお持ちの方は、今あなたが対処すべき優先順位が違っているのだと思って間違いないと思います。ぜひ、ドロー・バウンダリーの優先順位に従って、思い描いたとおりの現実を創造していってください。

おわりに

本書をここまで読み進めてくださって、ありがとうございます。
きっと、スキ子ちゃん、ラル子ちゃん、マゾ美ちゃん、サイ子ちゃん、リジコちゃんそれぞれの言動に対して、「ああ……わかる」とか、「こういう人、いるよね〜」と思われたのではないでしょうか。

5人の登場人物が他人とは思えないのは、5つのキャラクトロジーの素質を、誰もが持っているからです。実はこの「あるある」は、私たちが現実世界をよりよく生き延びるための方法として、子どものときに身につけた防衛反応（ディフェンス）にすぎません。にもかかわらず私たちは、この防衛反応を自分自身、あるいは他者の「性格」だと誤解しています。

そのことに気づかず、防衛反応のままに歳をとっていくと、この本の最初のほうのマンガで5人が言っているように、「なんでいつもこうなっちゃうんだろう」「何か違う気がする」といった、満たされなさや生きづらさを常に抱えて一生を終えることになります（本書では触れていませんが、それぞれのディフェンスで生きた先にかかるであろう病気、住むであろう場所、住居の形態、老後の暮らし方、そして死に方までもが、パターン化されていることが統計上わかっています）。

それを聞いて、どう思われるでしょうか？

大切なのは、自分がこのようにディフェンスで生きていること、そしてそれが自分の性格であると勘違いしていることに気づき、やめることです。

それぞれのキャラクトロジーのディフェンスの下には必ず、それぞれのエッセンス（あなたの美しい本質）が隠れています。このエッセンスは本来、あなた自身のためのものなのですが、それを他人のために使おうとすると、ディフェンスとして表出します。

ディフェンスの形は大まかに分けて5つしかなく、それを擬人化したのがキャラクトロジーの5パターンです。けれども、その下にあるエッセンスの種類は無限です。あなたの中には、数えきれないくらいたくさんのエッセンスが秘められているのです。

自分のエッセンスを自分のために使って生きられるようになると、人生は、おどろくほど好転します。そして、生きるのが楽になります。

心が苦しくなったり、生きづらさを感じたり、人間関係がうまくいかなくなって、一人で悩み、心を閉じてしまう前に、本書を開いてください。どうしていいかわからずに病院に向かう前にも、この本を読んでほしいな、と思います。そして、今抱えている悩みや生きづらさ、人生がうまくいかない理由は、子どもの頃の誤解に基づいた古いやり方であなたが生きているからだと知ってほしいと思います。

私がよく生徒さんやクライアントさんにお伝えし、また自分もことあるごとに思い出す言葉があります。

不幸は自分の責任。幸せも自分の責任。

自分の人生をよりよく変えていくこと、幸せになることに自己責任をとれる人が多くなればなるほど、社会や世界のありようにも影響を与えていきます。

幸せに生きるために、あなたも、自分のエッセンスに気づき、エッセンスを自分のために使って生きていきませんか。めぐりめぐって、それが相手や社会の幸せにつながるのですから。

この本があなたとあなたのまわりの方々、そして世界の幸せのために役に立つことを、心より祈っています。

最後に、この本を制作するにあたり、企画を快諾してくださったＢＡＢジャパンさんに

おわりに

心からの感謝をお伝えしたいと思います。

そして、西山友紀さん、こはにわさん、池ノ谷百合子さん、私とともに歩いてくださっているキャラクトロジー心理学協会のみなさま、そしてＢＡＢジャパン企画編集部の福元美月さんとデザイナーの石井香里さんにも深い感謝を。

誰一人欠けてもこの本は完成しませんでした。

ありがとうございました。

２０２２年12月

山本美穂子

＊本書内に登場する人物・団体等はすべて架空のもので、実在の人物とは関係ありません。

著者紹介

山本美穂子
（やまもと みほこ）

2月10日生まれ、福岡県出身。幼い頃から「心の癒やし」に興味を持ち、2004年バーバラ・ブレナン博士のBBSH単科大学を卒業。数多くの癒やしのメソッドをマスターする中でフロイトの人格構造論と出会う。1万件を超える臨床経験を加味し、これを日本人向けに編み直したキャラクトロジー心理学は、現在では延べ267名の講師が全国に誕生し、受講生も年々増加。ヒーラーとしてのキャリアも長く、後進の育成のため愛媛県松山市に建設したヒーリングセンターにて、自身が校長を務めるプロフェッショナルヒーラー養成のための、ハートインタッチ・メディカルヒーリングスクールを開講。2012年からは実際の医療機関での医療とヒーリングのコラボレーションも実現。さらにはヒーリングクリエイターとして、本書で取り上げたバウンダリースキルを筆頭に、キャラクトロジー心理学をベースにした数々のメソッドやカウンセリングスキルを次々に考案し、世に送り出している。

HeartinTouch 合同会社

キャラクトロジー心理学協会

バウンダリーの魔法

自分を大切にすると なぜ他人とうまくいくのか？

2023年1月15日　初版第1刷発行

著　者　山本美穂子
発行者　東口敏郎
発行所　株式会社 BAB ジャパン
〒151-0073 東京都渋谷区笹塚 1-30-11　4・5F
TEL　03-3469-0135　　FAX　03-3469-0162
URL　http://www.bab.co.jp/
E-mail　shop@bab.co.jp
郵便振替　00140-7-116767
印刷・製本　中央精版印刷株式会社

ISBN978-4-8142-0515-8 C2077

イラスト　こはにわ
デザイン　石井香里